왜 나는 인간의 성격을 연구했는가

왜 나는 인간의 성격을 연구했는가

초판 1쇄 인쇄 | 2015년 1월 29일
초판 1쇄 발행 | 2015년 2월 10일

지은이 | 테오플라스토스
옮긴이 | 김욱
펴낸이 | 최병윤
펴낸곳 | 행복한마음
출판등록 | 제10-2415호(2002. 7. 10)

주소 | 서울시 마포구 토정로222 A동 204-2호
전화 | 02) 334-9107
팩스 | 02) 334-9108
이메일 | bookmind@naver.com

ISBN 978-89-91705-35-7 (03180)

왜 나는
인간의 성격을
연구했는가

테오플라스토스 지음 김욱 옮김

행복한 마음

머리말

아주 오래전부터 내 마음을 미혹케 하고, 늘 궁금하게 생각하던 것이 하나 있다. 그 미심쩍은 생각은 나를 번민케 했다. 어쩌면 지금 이 순간도 나는 그 생각으로 번민하고 있는지도 모른다. 혹은 앞으로도 이렇듯 번민하게 될지도 모른다.

나의 번민은 다음과 같다. 본디 그리스라는 나라는 기후가 전역에 동일하다. 각 지방으로 흩어져 있고, 서로 떨어져 지내더라도 그리스는 결코 큰 나라가 아니다. 그리스의 어느 한 지역에 찬바람이 불기 시작하면 그리스 전역에 날씨가 쌀쌀해진다. 모든 그리스인은 동일한 날씨 속에 살아왔다. 그리고 우리들은 모두 비슷비슷한 교육을 받아왔다.

우리는 그리스 말을 배웠고, 옛 철학자들이 남긴 위대한 글을 공부했으며, 무엇이 예의이고 상황에 따라 어떻게 행동해야 하는지를 배워왔다. 신분과 빈부에 의해 약간은 다를 수 있겠지만, 우리들 그리스인을 가르친 교육이 무엇을 지향하고 있는지는 너무나 당연하다. 우리는 보다 훌륭한 인간이 되기 위해 노력해야 한다고 배웠다. 그리고 앞으로도 그렇게 가르칠 것이다.

이 같은 교육의 전통은 벌써 오랜 시간 그리스인의 생각과 마음을 지배해왔다. 그런데 우리 그리스인의 삶은 전혀 비슷하지 않다. 오히려 시간이 지날수록 추악한 기질로 변모하고 있다. 나는 그것을 볼 때마다 번민한다. '왜 우리는 같은 목표와 같은 행동과 같은 말로써 보다 그리스인답게 살아가지 못하는가?' 이것이 나의 번민이며 고통이다.

이제 내 나이도 어느덧 백수에 이르렀다. 지나온 시간들을 돌이켜 볼 때, 나는 항상 인간의 성격에 관해 관찰해왔다. 수많은 사람들을 만났고 사귀었다. 그 중에는 내가 정말 존경해야 할 훌륭한 인물들이 있었는가 하면, 만나지 말았어야 했다고 후회되는 인간들도 섞여 있었다. 그들 모두는 비슷한 환경에서 태어났고, 그리스인이라는 혈통도 동일했으며, 신분적으로도 그다지 차이가 없었다. 그럼에도 불구하고 그들의 내면은 교양과 비교양, 겸손과 교만, 정직과 거짓, 진심과 아첨으로 나뉘어져 있었다.

나는 이들과의 교제를 통해 인간의 삶을 나누는 기준이 어디에 있는지를 생각해보게 되었다. 즉 가문이나 신분에 의해 인생이 결정되는 것이 아니며, 그 타고난 성격에 따라 인생이 결정된다는 것을 알았다. 최고의 교육도 인간의 타고난 성격을 고치지는 못한다. 존귀한 신분도 천박한 성품은 바꾸지 못한다. 훌륭한 친구의 진심어린 충고도 인간성 자체를 변화시킬 수는 없다. 이것이 나의 인간론이다. 그리고 이제껏 내가 지켜본 인간의 본질에 대해 기록하고자 한다.

나는 인간의 성격에 숨어있는 갖가지 기질을 말할 것이다. 또한 인생에서 흔히 겪게 되는 사소한 문제들도 인간의 성격에 따라 어떻게 해결되는지 내가 봐왔던 그대로 설명할 작정이다. 이 글을 읽는 그대는 문득 이런 생각이 들 것이다. 왜 이런 작업에 뛰어들었을까…….

나의 작은 수고로 인간의 성격 분석에 대한 기록이 세상에 남겨진다면 먼 훗날 우리 아이들은 나의 기록을 보게 되는 날이 올 것이다. 그때 우리의 아이들은 이 글을 통해 무엇을 깨닫게 될 것인가? 아마도 세상의 모든 인간들이 자신과 다르다는 점을 느끼게 될 것이다. 세상 사람들은 각자의 이득을 위해 얼마든지 속임수를 저지를 수 있으며, 나를 배신할 수 있고, 또 나를 이용하려 든다는 점도 알게 될 것이다. 그리고 겉으로 보이는 친절한 말이 그의 진심이 아닐지도 모른다는 점을 깨닫게 될 것이다.

나는 이 기록을 통해 우리의 아이들이 인간을 좀 더 명확하게 분별하기를 바라고 있다. 인간을 사귐에 있어 보다 냉철해지기를 원한다. 내 경험에 비춰봤을 때 세상 사람들 중에는 사귈만한 인물들도 많지만 가까이 해선 안 될 인물도 많다. 나는 우리 아이들에게 사귀지 말아야 할 인물들을 가르치고 싶다. 그래야만 우리 아이들은 정말 사귀어야 할 훌륭한 인품의 소유자들과 가깝게 지내게 될 것이고, 그 만남이 우리 아이들의 인생을 훨씬 아름답게 만들 것이라 믿기 때문이다. 나는 그렇게 생각하며 이 글을 쓰고 있다.

이제 내가 왜 이런 기록을 남기려는지 알게 되었을 것이다. 이쯤해서 본론에 대해 이야기해야겠다. 내 이야기를 듣고 이것이 진실인지, 혹은 거짓인지를 통찰하는 것은 그대들의 몫이다. 그대들의 판단에 따라 내 이야기는 진실이 될 수도 있고, 거짓이 될 수도 있다. 부디 모든 지혜를 동원하여 읽어주기를 바란다.

나는 먼저 시치미를 떼는 데 천부적인 인간들에 대해 이야기하고자 한다. 그 전에 '시치미를 떼다'라는 말에 대해 생각해보자. 그 정의가 명확해야만 시치미를 떼는 것이 어떤 행동을 말함인지 분명해진다. 그런 후에 나는 '시치미를 떼는 자'들의 행동에 대해 이야기할 것이다. 시치미를 떼는 것이 어떤 행동이며, 이에 능숙한 인물들이 어떻게 하루하루를 살아가고 있는지, 그들의 처세법이 무엇인지 등을 내가 본 그대로 여러분에게 설명할 예정이다.

-테오플라스토스

차례

머리말

※ 본문 중 [ ]으로 표시된 부분은 후세 사람들이 추가로 삽입한 글임.

01장
시치미를 떼는 자

먼저 '시치미를 떼다'라는 표현을 살펴보자. 시치미를 떼는 행동을 한 마디로 특색 있게 설명하자면, 행동과 말씨부터 살펴봐야 한다. 시치미를 떼는 자들은 일부러 실제보다 이하인 척하는 말과 행동을 서슴없이 꾸며 보인다. 시치미를 떼는 사람이란 이를테면 다음과 같은 사람들이다.[1]

평소에 시치미를 잘 떼기로 소문이 파다한 사람이 자신에게 적의를 품고 있는 사람과 우연히 길거리에서 마주쳤을 때 어

---

[1] 이하의 묘사로 보면 '시치미를 떼는 자'는 테오플라스토스의 시대에는 그다지 칭찬받을 만한 인물들이 아니었던 것으로 보인다. 그 당시엔 귀찮더라도 다른 사람을 위해 노력하는 것이 일종의 미덕이었는데, 다른 사람의 불행에 무관심한 사람들을 시치미를 뗀다고 생각했던 모양이다.

떻게 행동하는지 본 적이 있었다. 그자는 상당히 당황했지만 금세 표정을 고쳤다. 그리고 상대방이 자신을 먼저 발견하기 전에 그에게 달려가 아는 척을 했다. 마치 그와 자신 사이에는 서로 거리낄만한 감정이 아무것도 없다는 듯한 태도였다. 그뿐만이 아니었다. 시치미 떼는 것에 도가 튼 그는 갑작스런 환대로 인해 황당한 표정의 상대방을 붙잡고 이런저런 말을 걸었다. "그 동안 어떻게 지냈느냐.", "왜 한 번도 찾아오지 않았느냐.", "하는 일은 잘 되고 있느냐.", "안색이 전보다 좋아진 것 같다." 등등 쉴 새 없이 주절거린다. 처음 보는 사람의 눈에는 서로 매우 친근한 사이인 것처럼 보일 정도다. 시치미를 떼는 데 능숙한 인물은 절대 자신의 감정을 상대방에게 보여주지 않는다. 그러면서도 상대방이 자신을 어떻게 생각하고 있는지는 무슨 수를 써서라도 알아내려고 안달한다.

위의 경우처럼 서로 관계가 나쁜 경우에도 마찬가지다. 그는 상대방에게 자신의 속마음을 끝까지 숨기려고 한다. 평소에는 그에 대한 온갖 험담과 욕설을 퍼붓고, 뼛속 깊이 증오하고 있었음에도 길거리에서 우연히 마주치는 순간, 오랜 여행 끝에 돌아온 절친한 친구를 반기듯 재빠르게 달려가는 것이다.

그렇게 서로 껴안고 반기면서도 헤어진 후 다른 사람들을 만나면, 또다시 그에 대한 비방과 험담을 서슴지 않는다. 그와 우연히 만난 것이 무슨 큰 모욕이라도 되는 것처럼 그의 가족과 친구, 동료들까지 싸잡아 비난한다. 그러다가 또 길거리나 연회장에서 우연히 마주치면 눈물을 글썽거리며 달려가는 것이다. 만에 하나 근처에 자신이 그를 비난해왔다는 사실을 알고 있는 제3자가 보이기라도 하면 그의 가증스런 행동은 극에 달한다. 원수나 마찬가지인 상대방이 얼마나 위대한 인물이며, 국가와 사회, 지역을 위해 지대한 공로를 세운 영웅이라고 그를 부추긴다. 이런 자들은 인간관계를 바라보는 시선이 왜곡되어 있기 때문에 누가 자신을 그런 식으로 똑같이 상대해도 크게 신경 쓰는 법이 없다.

시치미를 떼는 자들은 사람과 사람의 만남을 필요에 따라 악용하는 데 익숙하기 때문에 다른 사람이 자신을 그런 식으로 폄하해도 너그럽게 이해해주는 아량까지 베푼다. 그 아량이 자신의 인격이라도 되는 양 천박한 우월의식에 사로잡히는 인간도 있다.

시치미를 떼는 데 능숙한 자들은 사람 사이의 분란을 조종하는 데도 상당히 적극적이다. 어떤 사람이 다른 사람 때문에 피해를 입었거나, 서로 사이가 나빠져서 분노하고 있다는 소문을 듣게 되면 자신과 아무 상관이 없음에도 그에게 달려간다. 그리고 온화한 말씨로 그의 기분을 염탐한다.[2] 대부분의 사람들은 이런 친절에 감동하여 자신의 기분을 숨김없이 이야기한다. 자신이 왜 화가 났으며, 무슨 일 때문에 그에게 섭섭한 감정을 느끼는지 등을 모두 털어놓는 것이다.

시치미를 떼는 자들은 이 기회를 놓치지 않는다. 그가 왜 이렇게 화가 났는지 조용히 들어준 후 몇 마디 말로 그를 위로한다. 그러고는 그와 싸운 상대방에게 달려가 "그자가 당신에게 이런 감정을 품고 있습니다. 두 분 사이에 무슨 일이 있었는지는 잘 모르겠지만 어쨌든 화가 단단히 난 것 같습니다. 저한테 이런 말까지 하더군요."라며 둘 사이를 더욱 이간질한다. 만약 두 사람의 분란이 자신에게 도움이 된다고 생각되었을 때는 그 개입의 정도가 더욱 심각해진다.

시치미를 떼는 자들의 또 다른 특징은 자기 자신을 드러내는 것을 싫어한다는 점이다. 다른 사람에 대해서는 속속들이 알고 싶어 하면서도 다른 사람이 자신의 일이나, 가정, 앞으

---

[2] 상대방이 화를 내고 있음에도 일부러 모른 척하고 있다는 뜻이다.

로의 구상 등을 물어봤을 때는 철저히 거짓으로 일관한다. 누가 "지난번에 말씀하신 그 일은 어떻게 되고 있나요?"라고 물어보면 이미 그 일은 다 끝마쳤음에도 "아직 검토 중입니다. 여건이 좋지 않군요."라고 대답하는 식이다. 또[3] 누군가가 그에게 "뭐가 어떻게 된 상황이죠?"라고 물어보면 처음부터 그 자리에 있었으면서도 "방금 도착해서 잘 모르겠네요. 다른 사람에게 물어보시죠.", "저도 늦게 왔어요."라고 속이 빤히 들여다보이는 거짓말을 아무렇지도 않게 내뱉는다.

평소에 많은 도움을 받은 사람이 급한 볼일이 있어 돈을 좀 빌려달라고 하면 "그것 참 안 됐군요. 저도 요샌 사정이 급박해서 그쪽에 도움을 요청하려고 했습니다."라고 한 술 더 떠버린다. 또 구호 단체에서 기부금을 요구받기라도 하면 "여러분들이 생각하는 것만큼 나는 부자가 아니랍니다."라고 말한다. 시장에서 장사를 할 때는 "원래 팔려고 만든 물건이 아닌데 어쩔 수 없이 파는 거예요."라는 말만 되풀이하고, 정작 팔지 않을 물건에 대해서는 "값만 맞으면 언제든지 팔 겁니다."

---

3) '또…'이하는 '당신은 어느 집에서 일어난 그 사건을 들었습니까? 라는 질문을 받았을 때 이왕이면 상대방 의견부터 듣겠다는 행동으로 풀이될 수 있다.

라고 말한다. 또 남들이 하는 이야기를 듣고 있었으면서도 듣지 않았다고 우기고, 눈으로 봤으면서도 보지 않았다고 말하며, 어제 약속해놓고도 당신이 누군지 잘 모르겠다고 말한다. 타인을 속여야 할 때는 "이미 충분히 조사해봤습니다."라고 하고, 자신이 불리할 때는 "기억나지 않습니다."라고 하며, 계략을 써서 친구의 재산을 도둑질한 후에는 "자네처럼 정직한 사람이 어쩌다가 이렇게 됐나?"라고 한다. 다른 사람 앞에서 무식이 탄로 날 것 같다고 느꼈을 때는 "전 이미 오래전부터 그렇게 생각하고 있었습니다." 라며 태연하게 이야기한다.

시치미를 떼는 사람들이 입버릇처럼 하는 말은 다음과 같다.

"나는 믿지 못하겠어요."

"나는 전혀 모르는 일이에요."

"나는 정말 깜짝 놀랐어요."

"당신의 이야기가 사실이라면 그 사람 예전보다 많이 달라졌군요."

"그렇긴 한데 나한테까지 그런 이야기를 자세히 해주진 않았습니다. 하늘에 맹세코 그런 이야기를 들은 적이 없습니다."

"일이 그렇게 될 줄은 정말 몰랐습니다. 나중에라도 제 도움이 필요하다면 언제든 말씀만 하세요."

"죄송하지만 저는 그 일에 대해선 아는 게 별로 없어서요. 제가 다른 분을 소개해드릴 테니 그분과 이야기해 보세요."

"당신을 믿지 못하는 건 아니지만 제가 잘 몰라서요. 다른 분과 상의한 후 다시 찾아뵙겠습니다."

"그 사람이 당신에 대해 이렇게 말하더군요. 제가 당신은 그런 사람이 아니라고 해도 도무지 믿질 않아요."

"당신도 조심하세요. 그를 너무 믿었다간 저처럼 됩니다."

[시치미를 떼는 것이 생활의 일부가 된 인간들은 이 처럼 말주변이 좋고, 사람들이 듣기 좋은 말만 하며, 논리가 애매하고, 자기감정을 잘 드러내지 않는다는 특색이 있다. 따라서 이런 인간들은 진실을 말하지 않고, 자기 이익 앞에서 교활해지며, 사람을 이용하려고만 든다. 독사보다 더 무서운 인물들이므로 반드시 멀리해야 한다.]

02장
아첨꾼

아첨은 인간의 행동 중 가장 수치스러운 짓이다. 하지만 아첨은 내부분의 경우 아첨히는 본인에게 상당한 이득으로 돌아온다. 그 때문에 간사한 자들은 아첨을 통해 불리한 상황을 유리하게 만들고, 적을 아군으로 만들었으며, 자신이 원하는 것들을 별다른 수고도 하지 않고 빼앗을 수 있었다. 이것이 우리들의 역사이며 그리스의 모순이다. 그 역사를 아직도 많은 사람들이 기억하고 있다. 사람들의 머릿속에서 그때의 기억이 사라지지 않는 한 평범한 일반 시민들조차 아첨이야말로 가장 위험한 순간에 목숨을 부지하고, 재산을 지키고, 가족들을 위기에서 건지는 인간관계의 묘수라는 그릇된 관념을 은연중에 지켜나가게 될 것이다.

　실제로 우리 주변엔 아첨꾼들이 넘쳐나고 있다. 아첨꾼들의
대표적인 사례들은 일일이 열거할 수도 없으나, 대체적으로
다음과 같이 행동하고 이야기하는 사람들을 주의하면 된다.

　아첨꾼들은 낯선 사람과 길을 걷다가도 불현듯 이렇게 말한
다. "뭐 느껴지는 게 없나요?" 상대방이 잘 모르겠다고 하면,
회심의 미소를 지으며, "정말 모르는 건가요, 아니면 알면서
도 겸손해하는 건가요?"라고 재차 묻는다.

　이쯤 되면 상대방은 아첨꾼이 자신을 놀리는 건 아닌지 슬
슬 화가 나기 시작한다. 상대방의 표정에서 그 같은 변화를 깨
달은 아첨꾼은 재빨리 본론으로 들어간다.

　"자, 한 번 보세요. 거리의 모든 사람들이 당신만 쳐다보고
있어요. 벌써 꽤 오래전부터 그랬다고요. 저 사람들이 왜 당
신을 쳐다보는 걸까요? 그건 이 도시에서 당신이 모든 사람들
로부터 주목받고 있다는 뜻이에요. 다시 말해 모든 사람들이
당신에게 관심이 있고, 당신을 제일 좋아한다는 뜻이지요."

　아무리 귀가 얇고 남의 칭찬에 약한 사람일지라도 이 정도
말엔 쉽게 넘어가지 않는다. 그런데 문제는 사람의 마음이 원

래 교만하다는 점이다. 처음 한두 번은 그럭저럭 흘려들을 수 있는데, 같은 칭찬이 서너 번 반복되다 보면 자기도 모르게 그 말을 믿어버리는 것이다. 더 정확히 말하면 믿고 싶어지는 것이다. 그래서 오늘날까지도 아첨은 살아남을 수 있었다.

"어제 광장에서 시민대회가 있었답니다. 여러 사람이 거론됐어요. 그 중에는 당신이 잘 아는 사람도 있을 거예요. 나중에 누군가가 당신에 대해 이야기했는데 사람들의 반응이 대단했어요."라는 투로 계속 이야기하는 것을 듣게 되면 자기도 모르게 스스로가 무척 대단한 사람이며, 모든 이들로부터 주목받고 있다는 착각이 들게 마련이다. "30명이나 되는 사람들이 그곳에 있었어요. 우리 도시에서 누가 제일 훌륭하냐는 질문이 나왔을 때 많은 사람들이 당신이 제일 훌륭하다고 말했답니다. 저도 한 마디 끼어들고 싶었죠. 그래서 제가 알고 있는 당신에 관한 이야기를 했더니 어떤 사람은 눈물까지 글썽이면서 듣더라고요. 확실히 이 도시에서 당신만큼 사람들의 존경을 받는 인물은 없다는 걸 다시 한 번 느꼈어요."

그대는 설마 그렇게까지야……, 라고 할지도 모른다. 그러나 이 정도는 아첨이라고 할 수도 없다. 아첨이 무서운 까닭은 듣는 이의 판단력을 마비시키는 동시에 아첨꾼의 혓바닥에 점

점 길들여진다는 데 있다.

많은 사람들이 아첨꾼의 행동을 경멸하면서도 실제로는 타인이 자기 앞에서 아첨해주기를 고대한다. 혹은 자신이 다른 사람 앞에서 아첨꾼이 되는 경우도 허다하다. 아첨꾼들이 자주 하는 행동은 상대방의 비위를 맞춰주면서 다정하게 그의 상의에 묻은 먼지를 털어주거나[4], 나뭇잎 같은 것이 바람에 날려 상대방의 머리에 앉으면 무슨 큰 화라도 당한 것처럼 호들갑을 떨며 그것을 떼어준다. 그리고 미처 나뭇잎이 날아오는 것을 보지 못해 죄송하다는 식으로 그에게 아양을 떤다.

아첨은 상대방의 마음을 적절하게 이용하는 것이 중요하다. 잘못해서 상대방의 기분을 어지럽히거나, 상대방이 가장 민감해하는 부분을 건드렸을 경우 상대방으로부터 경멸의 대상이 될 수도 있기 때문이다. 그래서 아첨꾼들은 상대방의 콤플렉스를 교묘하게 이용한다. 예를 들어 나이든 사람을 만났을 때는 "지난번에 만나고 이틀밖에 지나지 않았는데 그새 흰 수염이 많이 났네요. 하지만 머리카락은 20대 못지않게 검군요. 저보다 숱도 많고 정말 보기 좋습니다. 머리카락이 검어서 그

---

4) 이런 행위는 그 당시 아첨꾼들의 보편적인 행동이다.

런지 흰 수염이 깊은 연륜처럼 느껴지는군요."라는 식이다.

아첨꾼은 한 번 점찍은 사람의 마음을 얻기 위해서라면 무슨 짓이든 가리지 않는다. 그 사람이 무언가 이야기를 시작하면 자신이 나서서 다른 사람들에게 귀담아들으라고 강요한다. 또 그가 식당에 앉아있는 것을 보면 그의 뒷자리에 앉아 그 사람 칭찬을 한다. 그리고 그 사람이 무슨 말만 하면 "맞습니다, 지당하십니다, 역시 대단하십니다."라는 입에 발린 칭찬이 끊이지 않는다. 가령 그 사람이 농담이라도 건넸다고 하면 미친 듯이 웃으면서 "너무 웃겨서 숨을 쉴 수가 없어요.", "이렇게 재미있는 이야기는 처음 들어봅니다. 사람들이 당신을 좋아하는 이유를 저도 알 것 같아요."하고 배꼽을 잡기 일쑤다.

그와 함께 길을 지나갈 때는 통행인들이 앞을 가로막지 못하도록 그 사람이 지날 때까지[5] 잠시 서 있도록 부탁하는 것도 빼놓지 않으며, 그의 집에 초대받았을 때는 자녀들을 불러놓고 사과나 과자를 선물하면서 친자식처럼 포옹해준다. 그리고 상대방이 보는 앞에서 반드시 이렇게 말한다. "너희 아버

---

[5] '그 사람'을 나타내는 원어에는 '주인님'을 의미하는 뜻도 포함되어 있다. 그렇지만 이 장 전체를 '하인과 주인의 관계'로 해석할 필요는 없기 때문에 '주인'이라는 뜻으로 해석하지 않았다.

지는 정말 훌륭한 분이란다. 이 아저씨가 세상에서 가장 존경하는 분이 바로 너희 아버지야. 너희들도 이다음에 아버지처럼 훌륭한 사람이 되어야 한다."[6] 이때는 되도록 엄숙한 표정을 짓는다.

또 그 사람과 함께 신발이라도 사러 가게 되면 "다리가 길어서 뭘 신어도 멋지십니다. 이제 보니 발가락이 참 잘 생기셨군요."라는 말을 늘어놓는다. 상대방이 자신을 데리고 친구를 만나러 갈 때면 저만치 친구의 모습이 나타났을 때 잽싸게 달려가 "그분이 지금 당신한테 찾아가고 있던 중이에요."라고 말한 후 다시 그에게 되돌아와서는 "친구 분에게 오신다는 걸 미리 알려두었습니다."라고 말한다. 이런 자들은 진심으로 상대방을 위하는 것이 아니기 때문에 여시장[7]에 가서도 체면을 차리지 않는다.

연회에 초대를 받으면 손님들 중에 제일 먼저 포도주가 맛

6) 이 말의 원문은 '그 아버지에 그 아들이다' 라는 관용어다. 이 말은 아마도 투계에서 비롯된 것 같은데, '병아리가 수탉을 닮았다' 라는 말에서 나온 것으로 보인다.
7) 여기서 '여시장' 은 여자노예를 매매하는 곳이라든가, 여성용품 전문 시장, 또는 일반 가정에서 필요한 물품 등을 파는 곳이다. 정확히 무슨 뜻인지는 확실하지 않다. 어쨌든 일반 남성이 가서는 안 될 곳임에 틀림없다.

있다고 칭찬하며, 그 사람으로부터 한 발짝도 떨어지려고 하지 않는다. 연회에 참석한 사람들에게 자신과 상대방이 절친한 사이라는 것을 과시하기 위해서다.

아첨꾼들은 포도송이만 보고도 "너무 대접이 과하신 것 같습니다."라는 말이 아무렇지도 않게 나온다. 하다못해 "물이 너무 시원하군요. 이렇게 시원한 물은 태어나서 처음 마셔 봅니다."라는 말이라도 해야 직성이 풀린다. 아첨꾼들의 목표는 상대방의 환심을 사는 것이다. 아첨꾼들은 자신과 그의 관계가 특별하다는 것을 사람들에게 보여주기 위해 그 사람의 귓가에 속삭이는 것을 즐겨한다.

집에 초대받았을 때는 "이토록 훌륭한 저택은 처음입니다.", "정원을 정말 잘 가꾸셨습니다.", "저기 걸린 저 멋진 초상화는 주인님을 꼭 닮았네요."라고 말한다. 이렇게 말하는 자들은 본성이 거짓되며, 그대에게 접근하는 목적이 있다는 것을 명심해야 한다.

[아첨꾼들이 그대에게 접근하는 것은 목적이 있기 때문이다. 즉 그대를 이용하기 위해 그대와 가까워지려는 것이다. 따라서 아첨꾼들이 그대에

게 하는 말과 그대에게 보여주는 행동은 진실이 아니다. 아첨꾼들을 피

해야 하는 까닭은 그대의 마음을 얻기 위해 무슨 짓이든 가리지 않았듯

이, 그대가 필요 없어지면 그대 앞에서 무슨 짓을 할지 모르기 때문이

다.]

03장
쓸데없는 말이 많은 자

쓸데없는 말이란 생각나는 대로 아무렇게나 지껄이는 말이다. 말은 인간의 모든 것이다. 인간은 말을 하기 때문에 인간이 된다. 그러므로 입에서 나오는 말이 그 사람의 됨됨이를 결정하는 척도이다. 쓸데없이 지껄이는 성격이란 그가 쓸데없이 태어났다는 것과 동일하게 해석할 수 있다. 그리고 쓸데없이 지껄이는 사람이란, 아무런 쓸모도 없는 인간이라는 뜻으로 받아들이는 것이 당연하다.

즉, 이런 사람과의 만남은 피하는 것이 상책이다. 그렇다면 어떤 사람이 쓸데없는 인간에 포함되며, 어떤 행동과 말이 쓸데없는 말에 포함되는지 내가 본 그대로 설명하고자 한다.

쓸데없이 지껄이는 자는 우리 주위에 아주 많다. 이들은 어디에 있든, 또 누구를 만나든 쉽게 드러나기 때문에 구별하는 것이 어렵지 않다. 이런 자들은 자기 눈으로 본적도 없는 것들을 아무 데서나 시끄럽게 떠든다. 그것도 난생 처음 보는 사람 옆에 앉아서 그런 이야기를 한다. 그러면서도 부끄럽다는 생각은 눈곱만큼도 하지 않는다.

내가 본 어떤 사람은 이 동네에 처음 온 인물인데, 사람들이 모인 광장에서 갑자기 자기 아내 이야기를 꺼내기 시작했다. 어느 누구도 그가 어디서 왔는지, 어느 동네 사람인지도 모르는 상황이었다. 다짜고짜 자기 아내 이야기를 늘어놓는 그를 보며 사람들은 어이가 없다는 표정이었다. 다들 황당했는지 그가 지껄이는 얘기를 묵묵히 들어줬다.

그러자 사내는 자기 얘기가 재미있어서 듣고 있는 줄 알았는지 아내 얘기를 다한 후에는 간밤에 꾼 꿈 이야기를 시작했다. 어젯밤 꿈에 독사가 나왔다는 둥, 그 독사가 자기 양을 먹어치웠다는 둥, 아침에 자기 아내가 꿈 이야기를 듣고는 여행길에 조심하라고 충고했다는 둥, 쓸데없는 이야기를 주저리주저리 늘어놓는다. 그래도 성이 안 찼던지 사내는 마침내 오늘 아침 아내가 차려준 식사 이야기를 꺼냈다. "아내가 빵을

덜 구워서 밀가루 냄새가 났다.", "어제 길어온 물로 차를 끓였더니 벌써 쉰내가 났다.", "아침을 먹은 지 꽤 시간이 지났는데 아직까지 점심을 못 먹었다.", "이 동네에서 빵을 맛있게 굽는 식당이 어디냐." 라는 말들을 한참동안 지껄였다.

광장에 사람들이 모인 까닭은 그 지역 현안을 해결하기 위해서였는데 이 낯선 사내 때문에 사람들은 중요한 토론은 해보지도 못한 채 뿔뿔이 흩어졌다. 나는 그날 쓸데없는 말을 지껄이는 인간들을 왜 피해야 하는지 확실히 깨달았다.

그대가 쓸데없이 아무 말이나 지껄이는 자들을 피해야 하는 가장 큰 이유는 그대의 인생에서 그 값을 따질 수 없는 시간을 좀먹기 때문이다. 그대 인생에서 쓸데없는 인간들을 자주 만날수록 그대는 값으로 따질 수 없는 존귀한 시간들을 잃게 될 것이다. 그대가 쓸데없이 떠드는 자들을 피해야 하는 이유로서 이보다 더 분명한 증거는 없을 것이다.

이런 인간과 마주쳤을 때 최선책은 피하는 것이다. 그의 신분이 무엇이든, 그에게 어떤 용무가 있든 그가 쓸데없이 떠드는 자라는 사실이 분명해졌을 땐 주저하지 말고 달아나야 한다. 괜히 온정을 베푼다는 우쭐한 기분으로 그의 이야기를 들어주다간 그 끝없는 이야기 속에 파묻히고야 말 것이다.

"요새 젊은 사람들은 우리 때보다 성격이 너무 급해서 탈이야. 우리 때는 어른들이 하시는 말씀은 무조건 들었다구.", "아, 참! 오늘 시장에 들렀는데 어제보다 보릿값이 떨어졌더군. 보리농사가 풍년인가 봐. 내년엔 보리농사를 집어쳐야겠어.", "외국인들이 너무 많아졌어. 이러다가 전쟁이라도 나면 그놈들이 누굴 위해 싸울지 어떻게 알겠어?", "디오니소스(그리스 신화에 등장하는 술의 신) 제전[8]이 무사히 끝났으니 이젠 뱃길이 열리겠구면. 그러면 생선값이 좀 떨어지려나?", "만일 제우스가 조금만 더 비를 내려주셨다면 올해 농사는 정말 풍년이었을 거야.", "내년엔 나도 밭을 일구게 되었어."[9], "인생을 오래 살다보니 이젠 어떻게 살아야 할지 감이 잡혀. 그런데 살아갈 날은 며칠 안 남았으니, 그게 억울해.", "다미포스가 베레우시스의 비밀의식에 횃불을 봉납했어. 아주 근사하더라구."[10], "자네, 음악당[11] 기둥이 몇 개나 되는지 알고

---

8) 디오니소스 제사는 1년에 4회(12월경, 1월경, 2월경, 3월경) 열린다. 그 중 3월에 열리는 제사의 규모가 가장 컸다. 이 날은 도시인들이 모두 참가해야 했다. 그 무렵에 계절풍이 불었기 때문에 항해가 가능해졌다.
9) 고대 그리스는 1년마다 논밭을 쉬게 했다고 한다.
10) 대지를 풍요롭게 한다는 데메테르 여신을 위해 에레우시스 비밀의식(작은 축제는 2월, 큰 축제는 9월)이 9일간 지속되는데, 그 5일째에

있나? 뭐, 몰라! 실은 나도 잘 몰라.", "그러고 보니 오늘이 며칠인지도 모르겠구먼. 오늘이 며칠인가?", "9월에 베레우시스 제사가 있는 것 맞지?", "10월말에 아파투리아의 씨족신 제사[12]가 있지? 올핸 아주 볼만할 걸세.", "12월에 디오니소스 지방 축제가 있지? 자넨 어디서 구경할 텐가?"라는 말을 쉴 새 없이 내뱉는다.

이때 주위 사람들, 혹은 그대가 정신나간 표정으로 멍하니 듣고 있다간 하루 종일 따라붙으며 자기 말을 지껄이려고 덤벼들지도 모른다.

비밀의식을 맡은 여인들이 횃불을 들고 아테네 시내에서 에레우시스까지 행렬했다고 한다. 이 장에 등장하는 다미포스는 그 중 한 사람이었을 것으로 추측된다. 이밖에 다른 학설에 의하면 횃불을 본뜬 모조품을 사원에 바치는 관습도 있었다고 전해진다.

11) 아테네엔 세 개의 음악당(오디온)이 있었다고 전해지는데, 이 장에 등장하는 음악당은 아마도 그 중 가장 유명한 '페리클레스 음악당'(기원전 440년경 건축)을 가리키는 것으로 생각된다. 페리클레스 음악당은 아크로폴리스 남동쪽에 있었다고 한다. 다른 음악당에 비해 기둥이 무척 많았다고 한다.

12) 매년 10월말에서 11월초에 걸친 3일 동안 아테네에서 행해지는 축제를 말한다. 이오니아인의 민족정신을 그대로 드러내는 축제로서 아테네인의 혈연관계를 중시하는 내용으로 축제가 꾸며졌다. 새로 태어난 아이들은 그날이 되어야만 아버지 호적에 오를 수 있었고, 성인식을 마친 청년들에겐 시민권이 주어졌다고 한다.

[내 경험에 비춰보건대, 쓸데없는 말이 많은 자들은 여러 곳에서 문전박대를 당해온 경험이 많다. 그렇기 때문에 그대가 조금만 얘기에 관심을 기울여도 평생의 동지를 만난 것처럼 쫓아다닐 것이다. 이런 사람들에겐 관용이라는 단어도 아깝다. 그자의 지껄이고 싶은 욕망이 해소되기 위해서는 듣는 이의 시간이 희생되어야 한다. 그런 의미에서 쓸데없이 지껄이는 인간들은 지독한 이기주의자다. 타인에겐 조금도 베풀 줄 모르면서 타인에겐 끝없이 희생해달라고 강요하는 것이기 때문이다. 이런 인간들은 상종하지 않는 것이 최선이다.]

04장
거칠고 촌스러운 자

거칠고 촌스러운 자라고 해서 시골 촌부를 가리키는 말이 이니디. 시람미디 티고난 인격이 있다. 이 인격이 그의 성격을 나타내며, 그 성격에 따라 인간의 삶이 결정된다. 내가 이 같은 기록을 남기려는 것도 결과적으로 사람의 타고난 성격에 의해 가까이해도 좋을 사람과, 가까이해서는 안 될 사람이 나눠진다는 점을 깨달았기 때문이다.

절대다수의 사람들이 사회적 신분과 재산, 인물, 교양, 학식, 평판 등으로 가까이해야 할 사람과 가까이해서는 안 될 사람을 구분하고 있다. 내가 보기에 이보다 더 어리석은 짓은 없다. 그 사람의 인생은 사회적 신분과 재산, 인물 등에 어느 정

도 영향을 받는 것이 사실이나, 그의 평생을 관통하는 행동양
식은 절대적으로 성격에서 기인한다. 어떤 성품이냐에 따라
서 그의 행동과 입에서 튀어나오는 말이 결정된다는 뜻이다.
그러므로 내 곁에 두고 가까이하고 싶은 사람을 고를 때는 겉
으로 드러나는 세간의 평가에 의존하지 말고, 그대의 눈으로
보고 귀로 들은 증거들을 분별하여 그의 인격을 판단하는 것
이 최선의 방법이다.

　거칠고 촌스러움은 시골 촌부만의 특성이 아니다. 우리가
존경하는 귀족들 중에서도 천성적으로 거칠고 촌스러운 사람
들이 있다. 거칠고 촌스럽다는 것은 말과 행동을 뜻하지만, 그
근거는 판단력의 상실과 버릇없음에서 비롯된 무지라고 해야
할 것이다. 지금까지 내가 봐왔던 사람들 중에 거칠고 촌스러
운 사람들을 꼽아보라면 다음과 같은 자들을 거론하고 싶다.
　첫째, 혼합주[13]를 마시고 민회에 나가는 사람들이다. 우리
시대를 이끌어 가는 유명 정치인들 중에서도 식사 때 혼합주
를 마시고 민회에 나가는 경우가 더러 있다. 민회는 말 그대로

---

13) 아테네 사람들이 자주 먹는 술로 포도주, 오트밀, 훈제치즈, 꿀, 사향
　（사향노루 수컷의 배꼽과 향낭을 말린 향료) 등을 섞었다고 한다.

시민들이 직접 의사를 결정하는 중요한 자리다. 이런 자리에 술을 마시고 참석한다는 것은 시민들이 그만큼 우습게 여겨졌다는 것을 뜻한다. 시민들이 우습게 보인다는 것은 자신의 알량한 귀족신분이 위대하다는 착각이 들었기 때문이다. 자신이 살아온 과정으로 평가받는 대신, 조상들의 행적으로 평가받고 싶어 하는 귀족들의 어리석은 마음이야말로 거칠고 촌스러운 성격의 전형이다.

술은 인간의 정신을 풍요롭게도 만들지만, 그 도가 지나치면 풍요로운 정신을 싸구려로 전락시킬 위험도 크다. 따라서 술은 인간의 성격을 거칠고 촌스럽게 만들 위험이 있다. 한 잔의 혼합주엔 명문귀족의 인격마저 거칠고 촌스럽게 만드는 힘이 있다. 하물며 그대와 나 같은 평범한 시민에게 한 잔의 혼합주는 향유냄새보다 마늘냄새가 더 역하다는 미치광이 같은 말을 아무렇지 않게 뱉어내도록 만들 수도 있다.

술이 인간의 성격을 거칠고 촌스럽게 만드는 경우도 있지만 때로는 술에 의지하지 않고도 자신의 거칠고 촌스러운 성격을 드러내는 경우도 많다. 다음으로 그런 자들의 특색을 살펴보기로 한다.

거칠고 촌스러운 성격을 가진 자의 특색을 살펴보자면 자기

발에 맞지도 않는 헐렁헐렁한 구두를 신고 돌아다닌다. 헐렁한 신발을 신고 길거리를 요란하게 거닐면서 그들이 바라는 것은 뭘까? 그것은 남들의 시선이다. 남들의 시선이 자신의 행동에 부정적이든, 또는 긍정적이든 누군가 자신을 바라봐 준다는 것에 만족한다. 그런 마음 또한 거칠고 촌스러운 성격이라고 할 수 있다.

길거리에서 우연히 아는 사람과 마주치곤 큰소리로 떠드는 것도 마찬가지다. 자신들이 무슨 이야기를 하는지 다른 사람들은 관심도 없다. 그럼에도 불구하고 큰소리로 떠드는 것은 들어달라는 뜻이다. 누군가 자신들의 이야기에 귀를 기울이고, 관심을 표해주기를 기대하는 것이다.

거칠고 촌스러운 자들은 친구나 가족들을 신뢰하지 않는다. 그 대신 집에서 부리는 하인들에게 중요한 일을 털어놓는다.[14] 그 이유는 하인들은 친구나 가족과 달리 자기가 하는 말이라면 무조건 동의하고, 무조건 들어주기 때문이다. 반면에 친구와 가족들은 잘못된 점을 지적하고, 그의 어리석음을 질타한다. 거칠고 촌스러운 사람은 그게 싫어서 하인들을 곁에

---

[14] 로마인과 달리 그리스인은 하인들과 자유롭게 이야기를 주고받을 수 있었다. 하지만 하인들과 중요한 문제를 토론하지는 않았다.

둔다.

민회에서 중요한 정보를 들은 후에도 가까운 친구들에게 설명하는 대신, 자기 집 밭을 부치는 소작농이나, 지나가다 들른 날품팔이들과 상의한다. 이들이 대체 뭘 알겠는가? 그래도 그가 하는 말에 꼬박꼬박 고개를 끄덕여주고 얘기가 다 끝나면 당신 말이 옳다고 말해준다. 그 우쭐한 기분을 누리고 싶어서 거칠고 촌스러운 사람들은 자신의 신상과 관계된 일마저 이런 사람들에게 의지한다.

여행을 떠나도 행동이 유별나다. 대도시의 법과 경제, 치안 등에는 눈길 한 번도 주지 않으면서 길가에 매놓은 당나귀를 보고는 발길음을 멈춘 채 사색에 잠긴다. 또 배가 고프면 겨울에 먹을 식량을 비축한 저장실로 들어가 손에 잡히는 대로 배를 채우고, 내년 봄에 마셔야 할 술을 가을부터 들이킨다. 가난한 이웃에겐 나눔의 정을 베풀지 않지만 기르는 개는 식사시간에 불러 함께 밥을 먹는다. 또 손님이 대문을 두들기면 직접 문을 열어주고[15], 누군가로부터 은화를 받으면 왜 이렇게 돈이 가볍냐고 불평하면서 구리돈과 바꿔버린다.

---

15) 이것은 하인들이 해야 할 일이었다.

거칠고 촌스러운 자들은 마음도 온유하지가 못하다. 낮에 잘 아는 사람이 농기구를 빌려 가면 혹시 돌려주지 않을까 하는 초조한 마음에 한밤중이라도 가서 찾아와야만 다시 잠들 수 있다. 거리에 나가면 아무나 붙잡고 가죽제품이나 생선 말린 것[16]이 얼마나 비싸냐, 초승달 제사[17]가 오늘이냐, 내일이냐, 라는 말을 물어보는가 하면, 나도 곧 이발할 작정이라느니, 아르키아스 가게[18]에서 생선 말린 것을 살 작정이라느니, 하면서 묻지도 않은 말을 지껄인다. 대중목욕탕에서 노래를 부르는 것은 기본이고, 구두 밑창에 커다란 징을 박고 걸어 다니는 것도 기본이다.

---

16) 시골사람들은 대부분 가죽의류를 입었다고 한다. 또 신선한 물고기는 잔치 때만 썼고, 평소에는 말린 생선을 주로 먹었다.
17) 아테네에서는 초승달이 뜰 때마다 광장에서 축제를 벌였다.
18) 당시 실재했던 유명한 점포.

05장
붙임성

어떤 사람들은 '붙임성이 과연 나쁜 짓인가?' 라고 생각할지도 모르겠다. 어기서 말하고사 하는 붙임성이란, 진심으로 상대방을 이해한 적이 없으면서 자신의 필요에 따라 교묘하게 상대방의 마음을 이용하려는 교제법이다. 진정한 우정은 마음과 마음의 만남이 아니다. 인생과 인생의 만남이며, 가치관과 가치관의 만남이다. 그것이 전통적인 우정이다.

붙임성이 좋은 자들도 처음에는 다들 우정이라는 이름으로 타인에게 접근한다. 상대방에게 마음도 없고, 인생관도 그와 다르고, 사물을 꿰뚫어 보는 가치관도 다르지만 어떻게 해서든 그의 곁에 머물려고 한다. 그 이유는 내게 그가 필요해서다. 다시 말해 붙임성이 좋은 자들은 필요에 의해 사람을 고르고, 우정을 농락한다. 차라리 내게 "당신이 필요해서 만난다."라고 솔직하게 털어놓는다면 우정을 욕보인 것은 아니므로 용서받을 수 있다. 하지만 이들은 철저하게 우정을 가장하여 한 사람의 마음에 씻을 수 없는 상처를 남긴다. 따라서 붙임성이 좋은 자들을 멀리하는 것이 상책이다.

붙임성이 좋은 자들은 다음과 같은 말과 행동으로 판단할 수 있다. 멀리서 그대를 발견하고 뛰어오는 자들을 주의하라. 그대는 처음 보는 사람인데, 상대방이 그대의 이름을 알고 있다면 주의하라. "오래전부터 이름을 알고 있었습니다.", "정말 뵙고 싶었습니다.", "이렇게 만나 뵙게 되어 영광입니다."라고 말하는 자들을 주의하라. 서로 갈 길이 다른데도 불구하고 굳이 그대가 가는 곳까지 따라가겠다는 자들을 주의하라. 그리고 목적지에 도착할 때까지 자신이 그대를 얼마나 만나고 싶어 했는지, 또 존경해왔는지 계속해서 강조하는 자를 주의하라. 이런 자들은 대개 그대가 필요하기 때문에 그대와 가까워지려는 자들이다.

그대가 이런 자들과 가까워진 후 재판에 불려나간다면[19] 그들은 자신이 공평하다는 것을 보여주기 위해 그대를 돕겠다는 처음 약속을 어기고 그대의 적에게까지 선행을 베풀 것이다. 그 적이 외국인일지라도 "당신 말도 틀리지는 않습니다. 다만 정황이 불리할 뿐입니다."라고 말할 것이다.[20]

그대가 이런 자를 식사에 초대하면 그대의 자녀까지 불러낼 것이다. 그대의 아이들이 인사를 하면 "무화과나무가 무화과를 닮은 것보다[21] 훨씬 더 아버님을 닮았군요."하면서 그대 아이들을 끌어안고, 쓰다듬으며 옆자리에 앉힐 것이다. 그리고 아이들 중 한 명을 가리키며 "아버님을 닮아서 그런지 정말 잘생겼구나.", 혹은 "아버님을 닮아서 눈매가 정말 똑똑해 보이는구나."하면서 그대의 아이들과 어떻게든 가까워지려고 할 것이다. 그 이유는 그대 아이들이 귀여워서가 아니다. 속으로는 그대 아이들을 증오하고 있는지도 모른다. 하지만 아이들과 친해지면 그대와의 사이가 좀 더 허물없이 친밀한 관계가

---

19) 아테네에서는 민사재판 때 통상적으로 세 명의 증인이 필요하다. 한 명은 피고측 증인, 또 한 명은 원고측 증인, 그리고 나머지 한 명은 법정에서 요구한 증인이다.

20) 당시 아테네에선 외국인과의 교역이 빈번했기에 외국인과의 재판도 무척 빈번했다. 그때 외국인들은 아테네와 본국의 법이 다르다는 것을 내세우며 자신을 변호했다고 한다.

21) 많이 닮았다는 것을 뜻하는 그리스식 관용어.

된다는 것을 알기에 그대의 자녀를 목말까지 태워줄 것이다.
그대를 이용하고자 그대의 아이들에게까지 접근하는 것이다.

06장
무뢰한

무뢰하다는 말은 당연히 부끄러워해야 할 말이나 행동을 저질러놓고도 주위 사람들의 기분 같은 건 조금도 배려하지 않는 뻔뻔스러움을 뜻한다. 시대가 악해질수록 세상에서 득세하는 인물들은 대부분 무뢰하다. 시대의 악함이 무뢰한 자들을 키운다고도 볼 수 있다.

내 경험에 의하면 한 사회의 도덕적 수준을 가늠하는 잣대는 불량배들, 즉 무뢰한들이 사람들 사이에서 어떻게 평가받는지를 확인하는 것으로 간단히 증명된다. 무뢰한들이 별다른 반대에 부닥치지 않고 중요한 인사를 맡고 있다면, 그 사회는 이미 도덕적으로 문란해진 사회다. 반대로 무뢰한들이 사

회적으로 소외 받고, 관리되고 있다면 그 사회는 아직까지 도
덕적으로 자정능력이 있다는 것을 뜻한다.

  내가 말하는 무뢰한의 행동이란 다음과 같다. 이들은 맹세
를 밥 먹듯이 한다. 배가 고파도 맹세를 하고, 위기 순간을 빠
져나가기 위해서도 맹세를 한다. 자연히 맹세를 어기는 것도
간단하다. 누군가 맹세를 해놓고선 왜 말이 다르냐고 따져도
곤란해 하거나 미안하다는 표정은 짓지 않는다. 그들에게 맹
세는 배가 고파서 밥을 먹은 것과 똑같다. 따라서 밥 먹을 때
생각과 밥 먹은 후의 생각이 다른 것은 지극히 당연한 자연의
순리다.

  저 사람은 맹세를 헌신짝 버리듯 쉽게 어기는 거짓말쟁이라
는 악평도 이들 무뢰한의 성격을 바꾸지는 못한다. 남이 자신
에게 싫은 소리를 하고, 그 싫은 소리 때문에 자신의 기분이
나빠지면 상대방에게 더 심한 모욕과 악담을 퍼붓는 것으로
화풀이를 한다. 그들은 인과관계라는 것을 모른다. 자신이 맹
세를 어겼기 때문에 사람들로부터 비난받고 있다는 원인은 철
저히 무시하고, 다만 사람들의 비난 때문에 자신의 기분이 나
빠졌다는 결과만을 중시한다.

이 처럼 타고난 인품이 비열하기 때문에 옷차림도 신경 쓰지 않는다. 내가 입은 옷이 상대방에 대한 예의라는 생각은 해본 적도 없다. 아무데서나 싸우고 낯선 타인과 마주치면 시비부터 건다. 이 마을, 저 마을로 떠돌아다니는 유랑극단과 마주치면 더욱 가관이다. 사람들이 많이 오가는 길거리에서 유랑극단의 여배우들과 음란한 춤을 춘다. 어린아이들이 보는 것도 아랑곳하지 않는다. 무뢰한들은 술을 마시지 않고도 술 취했을 때나 할 수 있을 법한 짓을 저지른다. 주변에 잘 아는 사람이 있어도 창피한 줄을 모른다. 그저 순간의 욕정만 발산할 수 있으면 그걸로 충분하다는 식이다.

축제날 광장에서 서커스라도 벌어지면 무뢰한들은 손님들을 쫓아다니며 동전을 긁어모은다. 마치 자신이 그 서커스 단원이라도 되는 것 같은 행동이다. 또 어떤 패거리들은 천막 앞을 가로막고 입장료를 강제로 빼앗기도 한다. 미리 입장권을 구입한 손님이 항의하면 많은 사람들이 보는 앞에서 실컷 두들겨 패는 것은 예삿일이다.

무뢰한들은 직업도 따지지 않는다. 직업엔 귀천이 있다. 직종에 의한 귀천이 아니라 그 직업이 다른 사람에게 얼마나 큰 이득을 주느냐이다. 무뢰한들의 직업 선택은 다른 사람의 인생에 얼마나 큰 피해를 주느냐가 관건이다. 그들이 좋아하는 직업은 여관업[22], 매춘업, 징세청부업 등이다. 하나같이 타인의 삶을 괴롭히고 나쁜 길로 빠지게 하는 올바르지 않은 것들이다. 그들은 돈만 된다면 옳지 않은 심부름도 마다하지 않고 해치우며[23], 자기 집에서 도박판도 벌인다.

무뢰한들의 타고난 성격은 잔인성이다. 이들은 대부분 홀어머니를 모시지도 않는다. 절도는 보통이고, 심할 경우 살인도 한다. 따스한 자기 침대에서 지내는 시간보다 감옥의 차가운 바닥에서 보내는 시간이 더 많다.

문제는 정치인들이 이런 무뢰한들을 곧잘 이용한다는 점이다. 이들은 목소리가 크고 군중 앞에서 으스대며 호소하는 것을 즐긴다. 이들이 시장에 나타나면 꽤 볼만한 구경거리가 된다. 이들은 정치인으로부터 돈을 받고 멀쩡한 사람을 고발하거나, 사람들 앞에서 헛소문을 퍼뜨리기 일쑤다.

조금만 이성적으로 분별하면 그들의 말이 대부분 거짓이며, 뒤에서 누군가 사주하고 있다는 것을 금방 알아차릴 수 있다.

---

22) '손님을 극진히 모시는' 것이 그리스 사회의 미덕이었던 만큼 손님에게 돈을 받는 여관업은 천한 직업으로 생각되었다.
23) 수세청부업, 경매인과 함께 그리스·로마에서는 하인들이 해야 할 일로 여겨졌다.

그러나 불행하게도 오늘날 많은 사람들이 그들의 말에 귀를 기울인다. 어떤 이들은 그들이 퍼뜨린 소문을 자처해서 다른 사람에게 전하기도 한다. 또 어떤 이들은 그 소문을 부풀리기까지 한다. 그것은 우리들 성품에 무뢰함이 깃들어 있다는 것으로 해석할 수도 있고, 우리 사회의 도덕관념이 점차 무뢰해지고 있다는 증거로 받아들일 수도 있다.

무뢰한들이 가장 좋아하는 곳은 법정이다. 어쩌면 법원에 관계된 일을 하는 자들이야말로 타고난 무뢰한들인지도 모른다. 그들은 하루에도 몇 번씩 소송을 벌인다. 서로 이해하고, 타협하고, 접점을 찾기보다는 법정으로 끌고 가야만 조금이라도 돈이 되기 때문이다.

하루에도 몇 번씩 피고가 원고가 되고, 원고가 피고가 되며, 방금 피고였던 자가 이번 재판에는 증인으로 채택되는 식이다. 이 같은 무뢰한들이 재판을 진행하고 있으니 제대로 된 정의가 실현될 리 없다. 그들은 개인의 양심은 젖혀놓고, 무조건 증거자료를 요구한다. 그들이 제시하는 증거자료는 대부분 거짓이다. 돈을 주고 증인을 매수하거나, 문서를 위조하는 것은 기본 중의 기본이다. 무뢰한들이 차지한 법정은 한 인간의 양심보다 거짓으로 날조된 증거의 손을 들어주고 있다. 이런 사회풍조가 우리 시대의 많은 선량한 시민들을 무뢰한으로 만들고 있음은 당연하다.

얼마 전부터 많은 소매상들이 일수놀이를 병행하고 있다. 정당하게 만든 물건을 정당한 값을 받고 판매할 때보다 1드라크마를 빌려주고 하루에 4분의 1드라크마[24]를 이자로 받아내는 것이 더 짭짤하기 때문이다. 요즘은 빵집과 생선가게마저 본업보다 일수놀이에 더 열을 올리고 있다.

[지난날의 그리스인들은 분란을 피하기 위해 '논리' 라는 것을 생각해냈다. 누구의 논리가 더 명확한가에 따라 옳고 그름이 판별되었다. 그래서 사소한 일에도 허튼 생각이나 감정이 개입되지 않았다. 그러나 오늘날의 그리스인들은 상대방을 이기기 위해 거리에서 떠들고 있다. 누군가를 이기기 위해 거리와 시장과 광장과 의회와 법정에서 목소리를 높이고 있다. 나라가 이토록 시끄러워진 것도 따지고 보면 가치를 선택하는 기준이 논리에서 무뢰한 언사로 바뀌었기 때문인지도 모른다.]

---

24) 아테네에의 당시 화폐제도는 은 1드라크마가 6오보로스, 금 1므나가 100드라크마, 금 1달란트가 60므나였다.

07장
수다쟁이

말이 많은 사람을 일컬어 우리는 수다쟁이라고 한다. 그러나 무조건 말이 많다고 해서 수다쟁이라는 치욕스런 별칭을 붙여줄 수는 없는 노릇이다. 내가 살아온 시간들을 돌이켜 볼 때 인간에게 말처럼 중요한 것은 없었다. 말이란 상황에 따라 복이 될 수도 있고, 화가 되기도 한다.

말을 많이 해도 그 말이 필요한 경우엔 복이 되지만, 지금부터 그대에게 설명하려는 자들은 불필요한 말로 자기 자신은 물론이고, 그의 주변에 있는 사람들까지 고통스럽게 만드는 경우이다. 정의하자면 수다쟁이란 말을 하고 싶은 욕망을 억제하지 못하고 쉴 새 없이 떠드는 자들을 의미할 것이다.[25] 그대에게 내가 만났던 한 수다쟁이를 이야기해 주고자 한다.

사람의 성격은 신분과 재물과 교육에 따르지 않는 법이다. 그대는 수다쟁이라면 항구에서 물건을 나르거나 천한 신분으로 남의 집에서 품삯이나 받는 자들을 생각하겠지만 사회적으로 존경받을 만한 위치에 있는 자들 중에도 수다스런 인물이 매우 많다. 내가 아는 수다쟁이도 결코 그대가 생각하는 부류의 인물은 아니었다.

수다쟁이의 첫 번째 특성은 교만이다. 교만한 자들은 말이 많다. 상대방의 이야기를 듣는 것보다 자신이 이야기하는 것을 더 좋아한다. 다시 말해 상대방보다 자신이 우월하다는 의식이 깔려있는 것이다. 수다쟁이들은 상대방보다 내가 더 우월하기 때문에 그가 내 얘기에 귀를 기울여야 한다고 착각한다. 그런 이유로 돈이 많고 신분이 높은 사람들 중에 수다쟁이가 상대적으로 많다.

---

25) 3장의 '쓸데없는 말이 많은 자' 비슷한 경우다. 둘의 공통점은 말이 길다는 점이다. '쓸데없는 말'을 하는 사람은 내용에 일관성이 없고, 어떤 주제가 있는 것도 아니다. 그런 점에서 무능한 잔소리라고 할 수 있다. 이에 비해 '수다쟁이'는 하나의 주제를 과장되게 이야기하고 전자보다 야심이 크며, 상대방을 경시하는 교만함이 엿보인다. 다변이라는 점에서 비슷하지만 그 질은 완전히 다르다.

우연히 시장 골목에서 내가 아는 수다쟁이를 만났을 때의 이야기부터 해 주겠다. 우리는 전부터 아는 사이였기에 처음에는 다정하게 안부나 물었다. 그러다가 정치 이야기가 나왔다. 그는 먼저 내 의견을 물어보았다. 나는 숨김없이 내 생각을 말했다. 그때부터 그의 수다가 시작되었다. 그는 내 말이 끝나기도 전에 "당신은 소문으로 들은 것과 달리 생각이 진부하군요. 벌써 그건 옛날 얘기입니다.", "아, 그 얘긴 나도 알고 있어요. 알고 있을 정도가 아니죠. 아마 이 도시에서 나보다 그 얘기를 더 잘 알고 있는 사람은 없을 겁니다. 그러니 나한테 물어보라구요."라고 말했다.

나는 그가 원하는 데로 몇 마디 물어봐 주었다. 그러자 수다쟁이는 "지금부터 내가 하는 말을 잊어버려서는 안 돼요.", "내가 당신에게 이 이야기를 해주면 정말 깜짝 놀랄 겁니다. 다른 사람한테 이 이야기를 하면 안 된다는 것쯤은 알고 있겠지요?", "내 이야기를 들으면 그 동안 당신이 얼마나 이 문제에 무지했었는지를 금방 깨닫게 될 겁니다. 그래도 다행이에요. 이제라도 날 만났으니까요. 오늘 나를 만나지 못했다면 앞으로도 계속 이런 식으로 생각했을 거 아닙니까?", "나중에 집에 가서 당신 생각과 내 이야기를 한 번 비교해보세요. 당신이 나에게 했던 말과 내가 당신에게 했던 말을 비교해 보란 말입니다. 누구 말이 옳은지 알게 될 겁니다.", "내가 지금 어디까지 말했죠? 아직 그 얘긴 하지 않았군요. 서론이 조금 길었네요. 하지만 그만큼 중요한 얘기였기 때문입니다. 당신이 꼭 기억해야 할 이야기였기 때문에 설명이 길었던 거예요."라는 말만 계속했다. 그러더니 "아, 저기 제 친구가 오네요. 정말 반가웠습니다. 그럼 다음에 뵙죠." 하고 작별인사를 하는 것이었다.

수다쟁이는 이 처럼 말이 하고 싶어서 못 견디는 사람들이다. 그들은 항상 이렇게 말한다. "아직 할 말을 다 못했는데……." 대체 그들이 하고 싶은 말은 무엇일까? 그들은 상대방이 조금이라도 지루한 표정을 보이면 또 이렇게 말한다. "제가 좀 말이 길었군요. 지루하신가요. 하지만 전 당신을 생각하는 마음에서 이런 말을 하는 겁니다. 사실 저도 당신에게 이런 말까지 하고 싶진 않아요. 당신이 알다시피 저는 매우 바쁜 사람이거든요. 그래도 기왕 만났으니 꼭 이 말만은 해야 할 것 같았습니다."

수다쟁이들에겐 화제가 넘쳐난다. 자신의 말을 지루하게 생각하는 상대방의 태도마저도 그들에겐 좋은 화젯거리다. 따라서 수다쟁이를 만나면 도저히 피할 재간이 없다. 피하면 피했다고 말이 길어지고, 얘기를 들어주면 들어준다고 말이 길어진다. 수다쟁이들은 상대방을 조금도 배려하지 않는다. 내가 어디를 가는 길인지, 일하는 중인지, 급한 약속이 있는 것인지 등은 생각도 하지 않는다. 그저 자신의 혓바닥을 놀려 한마디라도 더 지껄이는 것이 목적이다.

시장 골목에서 나를 바보로 만든 수다쟁이는 눈에 보이는 모든 것들에 대해 이야기했다. 거리에서 목공들을 만나면 목공에 대해 이야기했고, 생선장수와 마주치면 생선에 대해 이야기하는 식이었다. 또 자녀를 보기 위해 학교에 들렀을 때는 수업을 진행하는 선생을 붙잡고 교육에 대해 이야기했다.

상황이 이러다 보니 그를 아는 사람들은 길거리에서 수다쟁이와 마주치면 늘 이런 변명을 했다. "죄송합니다. 집에 급한 볼일이 생겨서요." 하지만 이 정도 핑계로는 수다쟁이의 손아귀에서 벗어나지 못한다. 왜냐하면 수다쟁이는 "저도 마침 그쪽으로 가던 중이니 함께 가시죠." 하며 앞장서기 때문이다.

수다쟁이의 두 번째 특성은 비밀이 없다는 것이다. 수다쟁이의 대부분은 신분이 높은 자들이다. 이들은 민회에 참석해 새로운 정보를 알게 되면[26] 광장으로 달려가 아무나 붙잡고 이야기한다. 물론 민회에서 들은 그대로 전하지는 않는다. 광장까지 달려가는 사이에 몇 마디 할 말이 더 추가된다. 아리스트폰 치하 때의 전쟁[27] 얘기, 리싼데르 시대에 스파르타를 상대로 벌였던 전쟁[28]부터 이야기한다. 그 정도면 차라리 다행일 텐데 예전에 자기가 민중 앞에서 했던 연설까지 그대로 반복할 때가 있다.

수다쟁이들은 상대방을 깎아 내리는 것이 특기이기 때문에 그들의 수다는 듣는 사람의 기분을 상하게 할 때가 많다. 수다쟁이들의 목적은 지껄이고 싶은 대로 떠드는 것이므로 상대방이 화를 내든, 고개를 절레절레 흔들며 돌아서든, 멱살을 잡든 아랑곳하지 않는다. 한 사람이라도 근처에 남아있다면 끝까지 하고 싶은 말을 다 하고야 만다. 그래서 수다쟁이들은 사람들이 붐비는 곳을 좋아한다.

수다쟁이가 재판의 배심원으로 지목되었을 때 그 재판은 피

---

26) 기원전 322년경 아테네 시민은 약 2만 1000명이었다. 민회에 참석하기 위해서는 일정한 금액(2000드라크마)를 세금으로 납부해야 했기 때문에 돈이 없는 일반 시민들은 민회에 참석하지 못했다. 민회에 참석하지 못하는 시민의 수는 1만 2000명에 달했을 것으로 추정된다. 즉 9000명만이 민회를 관리했던 셈이다.

27) 아르카디아의 메갈로폴리스에서 스파르타군과 마케도니아의 안티파테로스군의 전투(기원전 330년경).

28) 기원전 405년에 있었던 아이고스포타모이의 전투를 말한다.

고와 원고가 뒤바뀌기 일쑤다. 수다쟁이가 극장에 출현했을 때는 주인공의 연극대사보다 수다쟁이의 촌평을 더 오랜 시간 듣고 있어야 한다. 그리고 연회에 초대했을 때는 무슨 일이 있어도 수다쟁이가 인사말을 하지 못하도록 막아야 한다. 준비한 음식이 몽땅 식어버릴 때까지 수다가 끝나지 않기 때문이다.

간혹 불의를 보면 못 참는 사람들이 수다쟁이를 대중 앞에서 비난하는 경우가 있는데, 그렇다고 수다쟁이의 혓바닥이 멈추는 것은 아니다. 상대방의 비난도 수다쟁이에겐 지껄일 수 있는 기회가 된다.

"제가 수다쟁이린 말씀이군요. 네, 맞습니다. 전 말이 좀 많은 편이죠. 하지만 제가 하는 말이 정도에서 벗어난 적이 없다는 건 당신도 인정해야 합니다. 저는 당신이 원하는 것처럼 침묵할 수가 없습니다. 왜냐고요? 저는 당신들에게 해줘야 할 말이 많기 때문입니다. 날더러 침묵하라는 것은 불의를 보고 눈을 감으라는 뜻이죠. 당신도 그런 건 원치 않을 거라고 생각합니다. 제가 알기론 당신은 매우 어질고 정직한 분입니다. 모두가 당신을 존경하죠. 그런 분이 저한테 불의가 보이면 눈을 감고 있으라는 따위의 말은 하지 않을 거라고 믿고 싶네요. 아

뇨, 제 말을 가로막지 마세요. 전 아직 할 말이 더 남았습니
다."

08장
소문을 좋아하는 자

세상에서 소문처럼 무서운 것도 없다. 소문은 크게 두 가지로 나눌 수 있다. 감춰야 할 비밀을 폭로하는 것과, 실재하지 않는 거짓을 그럴듯하게 진실처럼 포장하는 소문이다. 진실의 폭로든 거짓의 포장이든, 소문은 여론을 등에 업었을 때 걷잡을 수 없이 확산된다. 소문이 무서운 이유는 바로 여론 때문이다. 여론은 독재자에게 권력을 바치기도 하고, 존경받아 마땅한 현자를 배신자로 낙인찍기도 한다.

우리가 흔히 접하게 되는 소문들은 대부분 거짓의 포장에 해당한다. 이런 소문이 광범위하게 퍼지는 까닭은 천성적으로 거짓을 포장하는 데 소질이 있는 자들 때문이다. 우리 주변에서 들리는 소문은 이런 자들이 만든 것이다. 그렇다면 이들이 소문을 만들어내는 방법은 무엇일까? 혼자 길을 걷다가 갑자기 떠오른 생각에 적당히 살을 붙여 퍼뜨리는 방법도 있고, 남들로부터 들은 소문에 자기 생각을 덧붙여 부풀리는 방법도 있다.

소문을 좋아하는 자들은 인생도 거짓투성이다. 거짓된 인생은 거짓만 낳는다. 인간관계는 인생과 인생의 만남이다. 그대가 소문을 좋아하는 자들을 피해야 하는 까닭은 그대의 인생이 거짓된 인생을 만나서는 안 되기 때문이다. 그대에게 내가 알고 있는 어느 거짓된 인생에 대해 들려주겠다.

나는 소문이라면 자다가도 침대에서 뛰쳐나가는 사람을 한 명 알고 있다. 그는 뜬소문을 만들어내는 데도 능했고, 헛소문을 그럴듯하게 포장하는 데도 능했으며, 소문을 전파하는 데도 일가견이 있었다. 그는 늘 시장과 광장, 골목 등을 배회하며 자기와 친분이 있는 사람들을 찾아다닌다. 그 이유는 두 가지다. 첫째는 그들에게 새로운 소문을 퍼뜨리기 위해서고, 둘째는 그들로부터 소문이 될 만한 새로운 이야깃거리를 듣기 위해서다. 그렇게 거리를 배회하다가 친구라도 만나게 되면 큰소리로 이름을 부르며 달려간다. 그리고 반갑게 얼싸안으며 부드러운 표정을 지으며 묻는다.

"정말 오랜만이군. 자네, 지금 어디서 오는 길인가?"

친구가 이것저것 이야기를 시작하면 그도 슬슬 자신이 하고 싶은 이야기를 꺼내기 시작한다.

"자네, 혹시 그 얘기 들은 적 있나?"

친구가 무슨 얘긴지 모르겠다는 표정을 지으면, "이 사람아, 온 동네 사람이 다 아는 사건을 자네만 모른다는 게 말이 되는가? 그래, 자네에겐 이런 이야기를 해줄 사람이 나밖에 없다는 겐가?"라고 다그친다. 이렇듯 소문을 퍼뜨리는 사람들은 상대방에게 자신의 이야기가 소문이 아닌 진실이라는 믿음을 심어주기 위해 인간관계를 최대한 동원한다.

소문을 좋아하는 자들은 사람이 많이 모인 곳을 좋아한다. 그러나 광장, 시장, 민회 같은 곳은 별로 좋아하지 않는다. 이런 곳에선 진득하게 헛소문을 퍼뜨릴 수도 없고 여러 사람이 있기 때문에 자신의 정체가 드러날 수 있기 때문이다.

소문을 좋아하는 자들은 자기 자신을 최대한 숨기려는 습성이 있다. 나중에라도 소문의 진위여부를 가리게 되었을 때 자신이 소문을 퍼뜨린 장본인이었다는 화살을 피하기 위해서다.

멀쩡한 사람의 명예에 상처를 입히는 것은 즐겁지만, 그 때문에 자신의 명예까지 상처를 입어서는 안 된다는 이중인격이다.

내가 알고 있는 자도 소문을 퍼뜨릴 때는 낯선 사람들을 찾아다닌다. 장소는 주로 식당이나 목욕탕이다. 그런 곳에서 낯선 사람들과 만나 "당신도 이 이야기는 들어봤을 거요. 지난번 전쟁에 관한 이야기인데 실은 나도 누구에게 들었다오." 하며 말문을 연다. 그 후에는 상대방에게도 헛소문을 강요한다.

"당신도 알고 있는 게 있다면 나한테 얘기 좀 해주시오. 내가 아는 건 다 말했잖소. 나도 당신이 아는 얘기 좀 들어봐야겠구려."

이쯤 되면 상대방도 어쩔 수 없이 이야기를 꾸미게 된다. 다시 말해 공범이 되는 것이다. 그가 공범을 만드는 까닭은 훗날을 위해서다. 혹시라도 상대방이 헛소문의 근원지로 자신을 지목했을 때 "당신도 내게 이런 말을 하지 않았소?"라고 덮어씌우기 위해서다.

만약 상대방이 그의 이야기에 못미더운 눈치를 보이면 자기 집에 군인과 플롯을 부는[29] 아스티오스의 하인이 있는데, 모

---

[29] 플롯을 부는 자는 행군할 때 음악을 연주하는 군악단의 일원이다.

두들 전쟁터에서 갓 돌아왔다고 말한다. 그들에게 직접 들은 얘기이므로 믿지 못하겠다면 나랑 같이 우리 집으로 가자고 한다. 그렇다고 오늘 목욕탕에서 처음 만난 사람을 따라나서 기란 쉬운 일은 아니다. 그는 이런 점을 교묘하게 이용할 줄 안다.

그는 이 처럼 자신이 떠드는 얘기가 직접 그 일을 겪은 장본 인에게 들은 이야기라고 말한다. 그렇기 때문에 다른 사람들 의 이야기와는 차원이 다르다는 것이다. 다른 사람들은 알지 도 못하면서 떠들어대지만 자기 집엔 전쟁터에서 살아 돌아온 병사들이 있다는 말에 사람들은 꼼짝없이 속아 넘어간다. 언 젠가 그는 나에게 폴류페르콘과 키산드로스가 전쟁을 일으켰 는데 카산드로스가 포로로 잡혔다는 이야기[30]를 들려준 적이 있다. 내가 그런 얘긴 생전 처음 듣는다고 하자, 그는 자기 집 에 카산드로스의 시위대 중 한 명이 머물고 있다며 만나러 가 자고 했다.

내가 여전히 못 믿겠다는 표정으로 "그가 카산드로스의 시 위대라는 걸 어떻게 확신할 수 있는가?"라고 묻자, "믿을 수

---

30) 폴류페르콘은 알렉산더 대왕의 신하 중 한 명이다. 카산드로스도 알렉 산더의 신하였다. 카산드로스는 안티파트로스의 아들이다.

밖에 없지. 패잔병들도 그가 카산드로스를 따라다녔다고 증언했다네." 하고 별 걸 다 의심한다는 듯이 말했다. 그래도 내 반응이 신통치 않자, 그는 마침내 이렇게 말했다. "자넨 정말 한심하군. 이 얘기는 어린아이들도 다 아는 얘기일세. 우리 집 꼬마도 이 얘기를 노래로 부르고 다닐 정도야. 그런데 어떻게 자네만 모를 수가 있나? 엄청난 대학살이었어. 살아남은 자들은 아직도 그때 받은 충격으로 말을 못하고 있네. 게다가 우리 집엔 증거가 있어. 자네가 의심하는 그 시위병이지. 그 친구는 내가 전쟁에 대해 묻기만 하면 울음을 터뜨린다네. 그보다 더 확실한 증거가 어디 있겠나? 그리고 소문에 의하면 5일 전에 마케도니아에서 누군가 이곳에 왔다고 하더군. 그자가 지금 어디에 있는 줄 아나? 이름만 대면 누구나 알고 있는 정치인 집에 숨어있다는 거야."

그는 갑자기 주변에 있는 사람들에게 큰소리로 외쳤다. "당신들은 내 얘기를 듣고 무슨 생각이 들었습니까?" 사람들은 그 말이 사실이라면 카산드로스가 너무 불쌍하다고 대답했다. 그러자 소문을 좋아하는 그 사람은 연극대사를 외우듯이 "비운의 카산드로스여! 세상에 당신처럼 불쌍한 사람은 없을 거요. 운명 앞에서는 당신도 어쩔 수 없구려. 과거의 영광은 대체 어디로 사라졌단 말인가…."[31]

　그는 마지막으로 내 어깨에 손을 얹으며, "자네를 친구로 생각하지 않았다면 이렇게 중대한 얘기는 하지 않았을 걸세. 이 이야기를 아는 사람은 자네와 나뿐이네."라고 몇 번씩 강조했다. 하지만 며칠 못 가서 그를 아는 모든 사람이 나와 똑같은 얘기를 알고 있었다.

[그는 무슨 목적으로 소문을 퍼뜨리는 것일까? 아무리 생각해도 나는 이해가 되지 않는다. 소문을 퍼뜨릴수록 그는 결과적으로 손해를 보고 있다. 그는 목욕탕에서 사람들을 모아놓고 신나게 떠들다가 옷가지를 모두 도둑맞은 적도 있다. 또 한 번은 광장에서 있지도 않은 전쟁 얘기를 떠들다가 반드시 참석했어야 할 재판을 잊어버린 적도 있었다. 헛소문을 만들어내고 퍼뜨리느라 생업을 제대로 돌보지 못해 아내와 아이들은 근근이 입에 풀칠만 하고 있다. 그가 세상을 살아가는 모습은 참으로 딱하기만 하다. 장소를 불문하고 사람들이 싫증날 때까지 말도 안 되는 억

---

31) 카산드로스는 한때(기원전 319년 후반이 될 것이다) 프톨레마이오스 왕조나 마케도니아의 안티고누스, 트라키아의 리시마쿠스 등의 지원을 받아 대함대를 조직하고 폴류페르콘과 세력을 다투었다.

측과 소문을 퍼뜨리는 데 자신의 정력을 낭비한다. 그로 인해 자신의 인

생도 지쳐가고, 듣는 사람들의 정신도 지쳐가게 만들고 있다.]

09장
철면피

철면피란 한마디로 정의하자면 자신의 개인적인 이득을 위해 타인의 입장 같은 건 조금도 고려하지 않는 인생을 뜻한다.[32] 그대에게 내가 알고 있는 어느 철면피에 대해 이야기해 주겠다.

그자는 아무리 사소한 이득일지라도 자신에게 필요하다고 생각되면 체면 따위는 안중에도 두지 않았다. 내가 이런 인물을 알게 된 것은 어떤 사건 때문이었다. 법정까지 끌고 갈 사건도 아니었다. 그와 나는 사건의 당사자가 아닌 제3자였다. 그 후로 이자는 길거리에서 나와 마주치기라도 하면 무척이나 반갑게 인사를 했다. 나도 상대방의 인사에 적당히 예의를 갖췄다.

그러던 어느 날, 이자가 우리 집에 찾아왔다. 급한 볼일이 있어 돈이 좀 필요한데 약간 부족하다는 것이다. 액수도 많지 않았다. 서로 모르는 처지는 아니지만, 그렇다고 돈을 주고받을 정도로 가까운 사이는 아니었으나 액수도 적고, 또 급한 일 때문에 사정하는 것 같아 선뜻 빌려주었다. 나중에 알고 보니 이자는 조금이라도 안면이 있으면 다짜고짜 찾아가서 돈을 빌리고 갚지 않는 것으로 유명한 인물이었다. 액수가 워낙 적어서 내 돈을 언제 갚을 거냐고 말하기도 민망했고, 법정에 호소하기도 창피한 금액이었다. 다시 말해 일부러 여러 사람에게

---

32) '철면피'와 6장의 '무뢰한'은 비슷하면서도 약간 다른 점이 있다. '철면피'는 자신의 이득을 위해 뻔뻔한 행동을 하지만 '무뢰한'은 자신의 이득과 상관없이 타인에게 피해를 입힌다. 이 같은 원인은 철면피가 이득을 목적으로 하는 반면에 무뢰한은 자신의 타고난 성격에 따라 행동하는 것뿐이기 때문이다. 철면피는 기본적으로 수치를 모른다. 자기 이득을 위해서라면 수치심 같은 건 언제든지 버릴 수 있다. 그러나 무뢰한은 일상생활에서 수치를 느끼고 있다. 다만 상황에 따라 자신의 성격을 제어하지 못할 뿐이다. 그래서 수치를 모르는 철면피는 세상과 다투지 않는다. 오히려 자신에게 이득이 되게끔 교묘하게 행동한다. 철면피의 목적은 어디까지나 개인적인 이득이기 때문이다. 반면에 무뢰한은 세상 사람들이 자신을 미워한다는 것을 알면서도, 혹은 자신에게 손해가 된다는 것을 알면서도 그 무뢰한 행동을 멈추지 못한다.

조금씩 적은 액수의 돈을 빌린 후 갚지 않는 것이 그자의 주특기였다.

나는 이 사람에 관한 이야기를 많이 들었다. 이자는 손님들이 자기 집을 찾아오면 격식에 맞게 제사를 지낸다. 물론 제사를 지낼 땐 양도 잡는다. 하지만 손수 식사대접을 하지는 않는다. 자기 집에 온 손님을 데리고 오늘 잔치가 있는 다른 집을 찾아가는 것이다. 그렇다면 자기 집에서 잡은 양은 어떻게 처리할까? 고기에 소금을 뿌려 창고에 저장해둔다고 한다.[33]

그 뿐만이 아니다. 자기 집에 찾아온 손님들을 데리고 남의 잔치에 참석하는 것까지는 이해할 수 있다. 이 정도라면 철면피라는 호칭이 아깝다. 그는 자기 하인들까지 데려간다. 고기와 빵이 잔뜩 쌓인 식탁에 앉아 실컷 배를 채운 후 하인들이 들고 있는 광주리에 음식물을 던지며 이렇게 말한다. "자, 너도

---

[33] 손님이 찾아왔을 때는 먼저 신들에게 양을 잡아 바치고, 그 고기로 대접하는 것이 관습이다. 그런데 철면피는 신들에게 양을 잡아 바친 후 손님들에게 대접하기는커녕 소금에 절였다. 뿐만 아니라 손님들을 데리고 남의 집 잔치에 참석했다.

[34] 고대 로마에서는 결혼피로연 같은 큰 연회 때 손님들은 광주리를 들고 있는 하인들에게 식탁에 있는 음식을 던져주는 풍습이 있었다고 한다. 하인들에게 먹이기 위해서가 아니라 집에 가져가기 위해서였다. 이 같은 풍습은 결혼식에서만 가능했다. 그런데 자기 집 손님들을 이끌고 남의 집 잔치에 참석한 철면피는 사적인 연회석에서 그 같은 행동을 했다.

어서 먹어 보거라."[34]

식료품을 사러 갈 때도[35] 철면피는 일반인과 다르게 행동한
다. 내게 돈을 꾸어간 그 철면피는 몇 번 고기를 샀던 푸줏간
에 들러 자기가 이 집 고기를 사간 적이 있다며 이제는 푸줏간
주인이 자신에게 은혜를 갚을 날이 되었다고 장황하게 떠들어
댄다. 푸줏간 주인이 돈을 받고 고기를 팔았으면 됐지 이제 와
서 무슨 은혜냐고 따지면, 이 거리에 푸줏간이 여러 곳인데 자
기가 이 집 고기를 팔아줬으니 그보다 더 큰 은혜가 없다고 오
히려 큰소리를 친다.

귀찮아진 푸줏간 주인이 어떻게 해야 되냐고 물으면 그는 공
짜로 고기를 달라고 한다. 그러나 고기를 줄 수 없다고 주인이
말하면 그러면 수프나 끓여먹게 살점이 붙은 뼈다귀라도 달라
고 한다. 푸줏간 주인이 못 이기는 척 뼈다귀를 던져주면 굶주
린 개처럼 덥석 집어넣고 간다. 또 저녁나절에 연극이 보고 싶
어지면 친구들을 불러다가 극장에 가자고 부추긴 후 자신이
제일 먼저 입장한다. 이때 극장 점원이 표를 요구하면 뒤에서
계산할 거라고 뻔뻔스럽게 얘기한다. 그런 주제에 상석이 아

---

35) 일반 시민은 식료품을 사러 갈 때 하녀들을 보냈다. 그것을 자신이 직접
했다는 것은 그 시대엔 수치를 모르는 행동이었을 것이다.

니면 앉지도 않는다.

이 철면피는 누가 외국에서 값비싼 물건이라도 사왔다는 소리가 들리면 제일 먼저 달려간다. 그리고 언제 다시 외국에 나갈 거냐고 묻는다. 조만간 외국에 다시 나가야 한다고 대답하면 이와 똑같은 물건을 하나 사다달라고 부탁한다. 돈은 그때 지불하겠다고 말하면서……. 당연히 외국에 다녀온 사람은 그러겠노라고 대답할 것이다. 문제는 그 다음부터다. 이 철면피는 하루에도 몇 번씩 그 집을 방문한다. 그리고 이렇게 말한다.

"아니, 외국에 다시 갈 거라고 하더니 아직도 안 간 거요? 대체 외국은 언제 갈 거요? 분명히 이 물건을 사오겠다고 나랑 약속하지 않았소? 내가 돈까지 지불하기로 했는데 여태 소식이 없어 찾아왔더니 이렇게 한가하게 놀고 있으면 어쩌자는 거요? 대체 내 물건은 언제 사오겠다는 말이오?"

철면피는 이런 식으로 하루에도 수차례씩 외국에 다녀온 사람의 집을 방문한다. 그리고 기어이 마음에 들었던 그 물건을 빼앗고야 만다.

또 어느 집 보리농사가 풍작이라는 소문이 들리면 보리는 물론이고 왕겨까지 빌려오는데, 그 주인에게 자기 집까지 보리와 왕겨를 운반해달라고 부탁하는 것은 차라리 애교에 가깝다. 철면피의 이 같은 행각은 목욕탕에서도 계속된다. 그는 목욕물이 끓을 때까지 솥 근처에 가만히 앉아 있다가 자기 차례가 되면 잽싸게 바가지를 집어넣어 자기 손으로 몸에 물을 끼얹는다. 종업원이 아무리 눈치를 줘도 철면피는 묵묵히 자기 몸만 씻는다. 그리고 집에 돌아갈 때 종업원이 목욕비를 청구하면 짐짓 화를 내면서 이렇게 말한다.

"네 놈처럼 게으른 종업원은 처음이다. 오죽하면 목욕물은 내 손으로 끼얹었겠느냐. 목욕비는 고사하고 네 놈을 고발하지 않는 것만 해도 다행으로 여기거라."[36]

---

36) 목욕탕에서 손님에게 목욕물을 끼얹어주는 것은 목욕탕 종업원의 일이었다. 그 시대의 목욕비는 종업원의 사례비였다. 철면피는 목욕비를 아끼기 위해 스스로 물을 끼얹었고, 목욕비를 요구하는 종업원에게 손님을 푸대접했다면서 고발하지 않은 것만 해도 고마워하라고 다그쳤다.

10장
인색한 자

인색함이란 지나칠 정도로 지출을 아까워하는 마음이
다.[37] 우리 사회는 서로 가진 것을 나눌 때 더욱 풍
요로워진다. 무조건 남보다 많이 소유하고, 많이 누리고, 많
이 빼앗는 것이 상식으로 통용되는 사회는 겉으로 봤을 땐 풍

---

[37] '인색한 자'와 20장의 '구두쇠'는 상호간에 공통점이 많기 때문에 명
확한 구별은 조금 어렵다. '구두쇠'와 '인색한 자'는 오늘날 거의 비슷
한 뜻으로 사용되지만 이 책에서는 약간 다르다. '구두쇠'는 인색함과
달리 공적인 사항과 관련되는 경우가 많다. 인색함은 지출에 상관없이
말 그대로 인색한 것이고, 구두쇠는 소득이 줄어들었을 때 인색해지는
것이다. 그러나 이 둘은 '사람을 속이는' 짓은 하지 않는다. 이에 비해
탐욕은 사람을 속여서 소득을 늘리는 경우다. '인색함'이 수치스런 방
법으로 지출을 최소화하는 데 비해, '탐욕'은 수치스런 방법으로 수입
을 증대시킨다.

요로워 보이지만 실상은 정반대다. 물질 앞에서 마음이 각박해진 사회는 모두를 적으로 만들 염려가 있다. 그러므로 인색함은 우리 사회를 경직시키는 폐단 중 하나다.

그대는 인색함과 근검의 차이가 무엇이냐고 궁금해 할 것이다. 근검은 풍족한 가운데 스스로를 단련시키기 위해 절제하는 것이고, 인색함은 이미 충분함에도 불구하고 더 많은 물질을 움켜쥐기 위해 인간으로서의 도리를 저버리는 것을 뜻한다. 이 정도로 설명이 부족하다면 내가 만나본 인색한 인물을 소개하기로 한다. 그의 태도를 통해 인색함이란 무엇인지 깨닫기 바란다.

그는 지독한 수전노였다. 모두가 인정하는 엄청난 부자였지만 가난한 노동자들에게 고리대금업까지 하고 있었다. 그가 제일 좋아하는 것은 일수놀이였다. 점심이 막 지났을 무렵부터 이자를 받으러 돌아다니는 그의 모습을 볼 때마다 나는 구역질이 났다.[38]

예전에 한번 그가 나를 초대한 적이 있었다. 그날은 마침 그

---

[38] 일수이자는 해가 넘어간 후를 하루로 친다.

의 생일이었다. 그는 싸구려 포도주를 식탁에 내놨는데, 우리가 몇 잔씩 마셨는지 일일이 계산했다고 한다. 이 얘기는 그의 하인으로부터 들은 이야기다. 이 지독한 수전노는 그토록 재산이 많음에도 아르테미스 신에게 제주(祭酒)를 바칠 때에도 시민들 중에서 가장 조금만 부었고, 이마저도 그냥 바치기엔 아깝다면서 술로 입을 헹군 후 뱉어냈다고 한다.

그는 가끔 외국에 나가는 사람들에게 물건을 사다달라고 부탁할 때가 있는데, 막상 그 물건을 사오면 언제 이렇게 비싼 물건을 사다달라고 했느냐면서 돈을 지불할 수 없다고 버틴다. 수전노의 부탁대로 물건을 사온 사람은 딱히 이 물건을 쓸 데도 없고, 그렇다고 다시 외국으로 가져가서 환불해 올 수도 없는 노릇이어서 수전노가 제시하는 금액에 팔수밖에 없는데, 보통 3분의 1도 안 되는 가격이었다.

만약 집에서 하인이 청소를 하다가 도자기라도 깨뜨리게 되면 그야말로 난리가 난다. 그는 하인의 멱살을 붙잡고 법정에 세우겠노라 으름장을 놓는다. 겁에 질린 하인이 시키는 대로 할 테니 한 번만 용서해달라고 사정할 때까지 이 인색한 자는 하인을 붙잡고 거리를 쏘다닌다. 그리고 마침내 하인의 입에서 한 번만 용서해달라는 말이 떨어지기 무섭게 하인의 식비[39]

에서 깨진 접시의 금액이 공제된다. 그리고 법정에 세우지 않는 대신 짧게는 보름에서 길게는 한 달간 한 푼도 주지 않고 일을 부려먹는다.

언젠가 그의 집 앞을 지나간 적이 있었는데 이른 아침임에도 집 안이 분주했다. 가구가 모조리 밖으로 나와 있었고, 여기저기 바닥을 뜯어내는 소리로 요란했다. 이자가 웬일로 집을 수리하는가 싶었던 나는 무슨 일이냐고 물어보았다. 그러자 인색한 자는 다급한 표정으로 자기 아내가 어젯밤 동전 세 개를 침대 밑에 떨어뜨렸는데 아직 못 찾았다고 말하는 것이었다. 그자는 결국 이튿날 아침에 마룻바닥을 모조리 뜯어낸 후에야 잃어버린 동전들을 찾아낼 수 있었다. 나는 아무리 생각해도 이건 말이 안 된다 싶어서 물어보았다.

"금화도 아니고 동전 세 개 때문에 마룻바닥을 뜯어버리면 어쩌자는 겁니까? 마룻바닥을 새로 깔자면 더 많은 돈이 들 텐데요."

그러자 그는 껄껄 웃으며 대답했다.

"안 깔면 되지요."

---

39) 당시 하인의 급여는 하루에 1리터의 오트밀과 약간의 무화과, 올리브, 소량의 포도주와 식초였다.

그는 집 근처에 어마어마하게 넓은 과수원을 가지고 있었다. 과수원엔 무화과나무들이 가득했다. 하지만 이웃사람들에게 병들고 썩은 무화과 열매 하나라도 나누어준 적이 없었다. 싱싱한 것들은 모두 시장에 내다 팔았고, 썩은 무화과로는 잼을 만들어 팔았던 것이다. 그자가 한 번은 자신이 이 과수원을 운영한지 10년이 넘었지만 아직도 무화과 열매가 무슨 맛인지 모른다고 말한 적이 있었다. 또한 그는 과수원 옆을 지나가던 동네 청년을 고발한 적이 있었는데, 이유는 무화과나무를 쳐다봤다는 것이다. 법정에서 그 청년이 무화과나무를 쳐다봤다는 이유로 같은 동네 사람을 고발하는 게 말이나 되냐고 따지자, 그는 훔칠 마음이 있었기에 쳐다본 것 아니냐고 태연스레 되물었다.

그 후로 마을 사람들은 일부러 먼 길을 돌아갈지언정 그의 과수원 근처는 얼씬거리지도 않았다. 같은 이유로 마을 사람들은 그의 논밭도 지나가지 않았다. 자기 땅을 밟았으니 밟고 다닌 값을 내놓으라고 악다구니를 부렸기 때문이다. 몇 달 전쯤 이 인색한 자는 가난한 노동자들에게 복리이자를 요구했다가 고발당한 적도 있었다.[40]

축제 때 마을 사람들을 식사에 초대할 순번이 되면[41] 고기를 잘게 썰어 우려낸 물을 내놓았고, 생선가게에 들러 갖가지 생선들을 실컷 만지작거린 후 손 씻은 물을 집에 가져가기도 했다. 생선가게 주인이 손 씻은 물은 왜 가져가느냐고 묻자 채소를 넣고 생선죽을 끓여먹기 위해서라고 대답했다.

그의 아내는 오늘날까지 이웃사람들에게 향신료와 카민(염료), 마요라나(박하의 종류)[42), 제사용 보리, 화관, 구운 과자[43) 등을 빌려준 적이 없다. 남편이 알면 큰일 난다는 것이다. 남편이 말하기를 이렇게 사소한 품목도 빌려주지 않아야 이웃사람들이 돈을 빌리러 오게 된다고 말했다는 것이다.

40) 고대 그리스의 이자는 보통 1할에서 3, 4할로 상당한 고금리였다. 따라서 복리이자는 위법이었다.
41) 마을 축제 때는 각 가정이 돌아가면서 잔치를 벌여야 했다.
42) 고대 그리스에서 사용되던 조미료다. 마늘과 마찬가지로 흔히 사용되었다.
43) 보리를 갈아서 소금과 섞은 후 제사가 시작되기 전에 제물로 바칠 짐승의 머리에 끼웠었다고 전해진다. 화관은 주로 제사를 진행하는 사람이 썼고(때로는 제물인 짐승에게 씌워졌다) 과자는 제단에서 태웠다.

[그의 금고에는 곰팡이가 피고, 금고열쇠는 녹이 슬어 있다. 그는 노예보다 더 짧은 겉옷을 입고 다니며[44], 머릿기름을 온몸에 바르고, 머리카락은 야만인처럼 살갗이 드러날 정도로 짧게 자른다.[45] 대낮에만 체면상 신발을 신고 다니며, 누가 세탁소에 들르는 것을 보기라도 하면 그에게 자기가 입고 있던 옷을 벗어주면서 같이 빨아달라고 부탁하고, 자기가 직접 세탁소에 들를 때는 세분(洗粉)[46] 좀 많이 넣어달라고 몇 시간씩 애걸한다.]

---

44) 아테네 사람은 겉옷을 길게 입는 관습이 있었다. 반대로 아테네와 사이가 좋지 않은 스파르타 사람들은 겉옷을 짧게 입었다. 그 때문에 아테네 사람들은 노예들에게 겉옷을 짧게 입혔다.

45) 인색한 자는 이발비용을 절약하기 위해 머리를 짧게 깎았겠지만, 아테네에서 짧은 머리는 친척 중 누군가가 죽었다는 표시였다.

46) 메로스 섬과 가까운 키프로스 섬의 점토는 상당한 표백작용이 있었다고 전해진다. 여기서 말하는 '세분'이란 이 점토를 말린 것이다.

11장
짓궂은 짓을 하는 자

짓궂은 짓을 정의하기란 그리 어려운 일이 아니다. 일반적으로 짓궂은 짓이란 노골적이고 버릇없는 못된 장난을 일컫는다. 자기 혼자 만족하기 위해 다른 사람의 감정을 상하게 하는 것, 그것이 바로 짓궂은 짓이다. 우리 주변에서도 짓궂은 짓을 하는 사람들이 쉽게 눈에 띈다.

짓궂은 짓을 좋아하는 무리들은 신전에서 봉사하는 여사제들과 마주쳐도 길을 양보하거나, 공손하게 인사하는 법이 없다. 조롱하고, 머리카락을 잡아당기고, 길을 막고, 뺨을 쓰다듬기도 한다. 주위에서 사람들이 나무라기라도 하면 더욱 신명이 나는지 위협을 가하기도 한다.

이런 자들은 공공장소에서도 예의를 지키지 않는다. 연극이 끝나고 배우들이 무대 중앙으로 나오면 관객들은 모두 일어서서 박수를 친다. 그럴 때는 자리에 앉아 코를 고는 시늉을 하기 일쑤다. 반대로 연극이 막 시작되어 흥미진진하게 전개될 때는 의자 위로 올라가 휘파람을 불거나, 음란한 말을 퍼붓거나, 무대 위로 음식물을 내던진다. 그리고 클라이맥스에 다다르면 뒷자리에 앉은 관객 쪽으로 고개를 돌리고 트림을 하거나 희롱을 한다.

또 광장을 어슬렁거리다가 괜한 사람을 붙들고 시비를 거는가 하면, 호두장수에게 여럿이 달려들어 이것저것 말을 거는 척하면서 호두를 훔쳐 먹기도 한다. 시장에서는 썩은 과일을 팔았다느니, 생선이 상한 것 같다느니, 누가 입다 버린 옷을 팔았다느니 하면서 장사를 방해한다.

이들은 하루 종일 특별한 일도 하지 않고 사람들을 쫓아다니며 괴롭히는 것으로 일거리를 삼는다. 왜 이 귀중한 시간에 다른 사람들처럼 열심히 일하지 않고 생판 모르는 사람들을 괴롭히느냐고 물어보면 "직업이란 돈을 버는 것도 중요하지만, 본디 자신에게 기쁨이 되는 일에 종사하는 것이 마땅하다.

정치인들을 보라. 특별히 돈이 되는 것도 아닌데 권력을 잡기 위해 서로 죽이기도 한다. 그들에게 당신의 직업이 뭐냐고 물어보면 '나는 정치인이오'라고 대답한다. 당신은 내가 쓸데없이 사람들을 괴롭히고 공공질서를 어지럽힌다고 생각하는 모양인데 나 또한 정치인과 다를 바 없다. 내 개인적인 기쁨을 위해 하루 종일 열심히 사람들을 괴롭힐 뿐이다."라고 당당하게 대답한다.

이자들의 장난은 사람을 가리지 않는다. 외국인들에게도 함부로 욕을 하고 뒤를 쫓아다니면서 그의 일을 방해한다. 우연히 길에서 아는 사람을 만났는데 그가 다급한 표정으로 어딘가를 향해 걷고 있기라도 하면 그가 제발 보내달라고 사정할 때까지 팔을 붙잡고 늘어지며, 또 큰 소송사건에 휘말린 사람을 찾아가 축하주를 얻어먹으러 왔다고 법석을 떨고, 억울하게 누명을 쓴 사람을 만나면 그리스의 정의는 아직 살아있다고 혼잣말처럼 지껄인다. 또 피리 부는 여자들과 함께 광장을 돌아다니며 오늘이 자기 생일인데 잠시 후 크게 잔치를 열 계획이니 사양하지 말고 다들 놀러오라고 말하고는 대문을 굳게 닫아버리기도 한다.

이발소나 향유가게 앞에 쓰레기를 버리는 것은 예삿일이고,

사람들이 신전에 모여 기도를 하다가 제주를 돌릴 때 자기 차
례가 오면 여지없이 술잔을 떨어뜨린다. 그러고는 "당신들은
내가 일부러 술잔을 떨어뜨렸다고 생각하고 싶겠지만 하늘에
맹세코 내가 한 짓이 아니에요. 누군가 내 손을 붙잡은 것 같
았다구요. 아무래도 오늘은 불길해요. 기도가 안 먹힐 것 같
아요." 하고 말하며 미안하다는 듯 살짝 웃어 보인다.[47] 이러
한 모든 행동이 짓궂은 짓의 표본이다.

---

[47] 그리스 사람들은 제사 때 술잔이 깨지는 것을 불길함의 표시로 받아들
였다.

12장
얼간이

인간은 자기가 매우 유식하며 지혜롭다고 생각하는 경우가 많다. 하지만 인간처럼 어리석은 동물은 없다. 우리 시대의 수많은 전쟁과 분란은 정의를 지키기 위해서가 아닌 개인과 개인 사이의 원한을 갚기 위해서, 또는 하찮은 명예를 쟁취하고자 시작되었다. 그대는 '얼간이'란 태어날 때부터 머리가 조금 모자란 사람이라고 생각할지도 모르겠다. 그러나 진짜 얼간이는 저능아가 아니다. 육신이 멀쩡함에도 제 분수와 주변 상황을 올바로 인식하지 못하고 엉뚱한 짓을 저지르는 사람들을 뜻한다. 즉 그대도 언제 어디서 얼간이가 될지 모르는 일이다.

얼간이의 특성은 자신과 관계있는 사람들을 초조하게 만든다는 점이다. 언제 갑자기 엉뚱한 짓을 저지르게 될지 알 수 없기 때문에 보는 이들로 하여금 늘 불안하게 만드는 것이다. 그대에게 내가 알고 있는 한 얼간이에 대해 이야기하고자 한다.

그자의 겉모습은 얼간이와는 거리가 멀다. 교육을 못 받은 것도 아니다. 집안도 그 정도면 훌륭하다. 재산도 하인을 부릴 만큼 넉넉하다. 혀가 짧은 것도 아니다. 하지만 내가 보기에 그는 얼간이다. 이제부터 그 증거를 몇 가지 제시하겠다.

그는 가끔 나를 찾아오곤 한다. 철학이나 정치적인 난제들을 상의하기 위해서다. 문제는 내가 제일 바쁠 때만 골라서 찾아온다는 점이다. 한참 식사 중이거나 저녁기도 시간에만 나를 찾아온다.

그는 얼마 전에 연인과 헤어졌다. 이유는 그녀의 어머니가 병에 걸려 돌아가셨는데 하필이면 그날 청혼했기 때문이다. 그는 장례식장까지 그녀를 쫓아가 사랑의 세레나데를 불렀고, 결국 그녀의 오빠와 친척들에게 고소당했다.

그는 친구들을 위해서라면 보증도 마다하지 않는다. 그리고 자신이 보증을 섰다가 망한 친구들의 빚을 고스란히 떠안고는 다시 그 친구들에게 자신을 위해 보증을 서달라고 사정한다. 한 번은 사건의 판결이 이미 내려졌음에도 자기가 진짜 증인 이라면서 판사에게 재판이 잘못되었다고 따졌다가 벌금형에 처해진 적도 있다.

결혼식에 초대받고는 신부를 사창가에서 만난 기억이 있다고 함부로 지껄였다가 맞아 죽을 뻔한 적도 있었다. 오랜 여행에서 돌아온 사람에게 같이 산책이나 하러 나가자고 부탁하는 것은 대수롭지도 않은 일이고, 누가 집을 팔려고 내놨다는 얘기를 들었을 때는 잠자코 있더니 집이 팔렸다는 얘기를 듣고는 그 값의 두 배를 지불할 사람이 나타났다며 계약을 번복하라고 이야기한다.

모두가 알고 있는 얘기를 자기만 아는 것처럼 과장해서 이야기하고, 아침에 만나서 그 얘기를 실컷 들었음에도 저녁에 다시 찾아와 똑같은 얘기를 털어놓기도 한다. 친한 친구가 집에서 제사를 지내기 위해[48] 그에게 돈을 꾼 적이 있었다. 그는 제삿날에 맞춰 이자를 갚으라고 청구서를 보냈다.

---

48) 친구들을 집으로 초대하기 위해 제사를 지냈을 것이다.

누가 회초리로 하인을 때리는 것을 보곤 그 곁에 서서, "예전에 제가 아는 분도 이렇게 하인을 마구 때린 적이 있었지요. 그런데 하인 놈이 분했던지 주인을 목 졸라 죽여 버렸습니다. 저는 그 재판 때 배심원이었어요. 지금도 주인을 목 졸라 죽인 하인 놈의 얼굴이 선명하게 떠오릅니다. 볼수록 이놈과 참 많이 닮았군요. 이렇게 때릴 바에야 차라리 죽여 버리는 게 낫지 않을까요?" 하고 말한다.

중재인으로 지명되었을 때는 쌍방 모두가 화해를 바란다는 것을 뻔히 알면서도 끝까지 재판을 고집하고, 증인으로 채택되었을 때는 시키지도 않은 거짓 증언으로 자신을 증인으로 선택한 친구들을 난처하게 한다. 축제 때는 술도 마시지 않고 곧잘 춤을 추는데[49] 젊은 처녀의 손도 아무렇지 않게 낚아챈다. 그녀의 부모가 항의하면 술 냄새가 나지 않는데도 혀 꼬부라진 소리로 아가씨인 줄 몰랐다고 변명한다.

---

[49] 고대 그리스에서 축제 때 남녀가 춤을 추기 위해서는 어느 정도 술이 취해야 가능했다. 술에 취하지 않고 남녀가 춤을 추는 것은 예의에 어긋나는 짓이었다.

13장
참견을 좋아하는 자

세상에는 자신과 상관없는 일에도 함부로 끼어들어 아는 척을 하거나, 어떻게든 자신의 의견을 사람들에게 알리고 싶어 하는 사람들이 있다. 내가 보기엔 이것도 일종의 병이라고 생각된다.

그들은 장소와 사람을 가리지 않고, 시간과 상황을 분별하지 못한다. 이 처럼 자기와 특별히 관계된 일도 아니고, 자신의 힘으로 그 일을 해결하지 못함에도 불구하고, 자기 의사를 적극적으로 표현하는 행동을 일컬어 '참견'이라고 한다.

참견에는 좋은 참견과 나쁜 참견이 있다. 좋은 참견이란 상대방의 실수를 지적하거나, 곤경에 처한 친구를 위해 대신 그 일을 떠맡거나, 국가적인 비상시에 자신의 지혜와 인격을 동원하여 시민들에게 국가의 정책보다 더 뛰어난 길을 제시하는 것 등이다. 이는 충고와 비슷하다. 나쁜 참견이란 자기가 알지도 못하는 일에 덤벼들거나, 상대방에게 엉뚱한 방법을 제시하거나, 아는 것도 없으면서 국가의 중대사에 이러쿵저러쿵 말이 많은 것 등이다.

참견을 좋아하는 자들에게선 한 가지 공통점이 발견된다. 나서기를 좋아한다는 것이다. 다른 말로 자기를 바라보는 타인의 시선을 좋아한다고도 표현할 수 있다. 여러분 주위에도 참견하기를 좋아하는 자가 분명 있을 것이다. 여러분이 참견하기를 좋아하는 자들을 조심해야 하는 까닭은 그들의 마음에 교만함이 깔려있기 때문이다. '내가 나서지 않으면 안 된다', '내 생각대로 저 사람을 좌지우지하고 싶다', '사람들이 나를 주목했으면 좋겠다' 라는 마음은 모두 교만에서 비롯되는 생각이다.

아무 일에나 참견하는 자들을 가만히 살펴보면 정작 자기 처신은 형편없다. 그런 주제에 다른 사람들 일에 끼어들어 제멋대로 가르치려고 든다. 이제부터 여러분에게, 참견하기를 즐기는 사람이 누구인지를 알려주고자 한다.[50] 그리고 왜 이런 자들을 피해야 하는지도 알려주고자 한다.

　내가 알고 있는 어떤 사람은 다른 사람 일에 참견하는 것을
매우 즐기고 있다. 그는 특별히 재능이 뛰어나거나, 머리가 똑
똑하거나, 돈이 많거나, 신분이 높은 것도 아닌데 시도 때도
없이 사람들 일에 휘말려 자기 분수를 잊고 지내는 인물이다.
그는 누가 부탁하지 않아도 자신이 그 일을 대신 맡겠다고 나
서곤 한다.[51]

　그자는 민회에 참석할 권리가 없는데도 빠짐없이 참석하는
것으로 유명하다. 어떤 안건이 상정되어 회의가 진행될 때는
그도 잠자코 있다. 내가 왜 잠자코 있느냐고 묻자 정치적인 문
제는 잘 모르기 때문이라고 대답했다. 그러고는 잠시 후 회의
가 끝나 표결이 시작되자 제일 먼저 발언권을 청구했다. 회의

---

50) 참견을 좋아하는 사람과 앞서 등장한 얼간이는 어느 정도 비슷한 점이
　　많다. 그러나 본질적으로는 완전히 다른 인물들이다. 얼간이는 '시기
　　에 맞지 않는 행동'이 문제가 되지만, 참견하는 자들은 시기적으로 문
　　제는 없다. 다만 자신의 분수에 맞지 않게 관여하려 들거나, 감당하지
　　도 못할 문제를 자신이 나서서 떠안는 게 사고다. 얼간이의 행동은 언
　　제나 자기 일만 염두에 두는 데서 비롯되는 반면, 참견하는 자들의 행
　　동은 언제나 상대방에게 호의를 베풀려는 데서 비롯된다.
51) 아마도 민회 등에서 누군가 어려운 직무를 맡게 되었을 때를 말하는
　　것 같다.

진행자가 당신은 민회에 참석할 권리가 없다고 말하자, 머쓱해진 듯 뒤쪽으로 자리를 옮겼다. 마침내 표결이 끝나고 안건이 통과되었다. 다들 이번 안건은 오랜만에 꼭 필요한 법이 제정되었다고 만족해했다. 그러자 이 참견하기 좋아하는 남자가 단상으로 나와, 자신은 이 안건에 반대한다고 큰소리로 외쳤다. 사람들이 무슨 이유로 반대하느냐고 묻자, 정치적인 문제이기 때문에 잘은 모르겠지만 다수결에서 모든 사람이 100% 찬성하는 것은 좋지 않다는 생각이 들어 반대하는 것뿐이라고 말했다.

우리 집에서 잔치가 있던 날, 이 참견을 좋아하는 자도 왔다. 그날은 집안 친척들만 모이는 자리였다. 그래도 나는 안면이 있으므로 그를 동석시켰다. 그런데 이자는 다짜고짜 하인에게 술독을 가져오라고 시키더니 잔치에 술이 빠져서야 되겠느냐며 직접 혼합주를 만들었다. 하지만 그날은 조상들을 기리기 위해 제를 올리는 날이었다. 술을 마시는 것은 물론이고, 집안에 술을 들여서도 안 되는 날이었다.

그는 이렇듯 상황과 장소를 불문하고 다른 사람들의 문제에 참견했다. 거리에서 다투는 사람들과 마주치면 낯선 외국인이더라도 뜯어말려야 직성이 풀리는 인물이었다. 한 번은 길을 묻는 외국인에게 지름길을 알려주겠다며 몇 시간씩 끌고 다닌 적이 있었는데, 결국은 지름길을 찾다가 목적지를 잊어 버려 고생한 적도 있었다.

몇 해 전에 외국과 곧 전쟁이 일어날지도 모른다는 소문이 돌았을 때는 밤늦게 사령관 집을 방문해 "언제쯤 전쟁이 일어 날 것 같습니까?", "전쟁 준비는 얼마나 진척되었습니까?", "내일 모레쯤 전투명령을 내리실겁니까?" 하고 꼬치꼬치 캐 물었다가 간첩혐의로 감옥에 갈 뻔한 적도 있었다.

의사가 그의 친구에게 "이 사람은 몸이 허약해서 술을 소화 시키지 못합니다. 절대 술을 먹이지 마십시오."라고 했더니, 이튿날 날이 밝자마자 의사에게 달려가, "사람들이 당신 말을 믿지 못하겠답니다. 하지만 저는 당신 말을 믿습니다. 제가 당 신을 대신해서 제 친구에겐 술이 나쁘다는 것을 증명해 보이 겠습니다."라고 말한 후 친구에게 술을 잔뜩 먹여 하마터면 친 구를 죽일 뻔했다.

그의 고모가 죽었을 때는 누가 시키지도 않았는데 자신이 직 접 묘비를 쓰겠다고 나섰다. 친척들이 하는 수 없이 허락하자 고모의 남편과 조부모님의 이름, 그리고 고모의 이름과 출생 지를 묘비에 기록한 후 마지막에 이런 문장을 새겼다. "이 묘비에 기록된 분들은 살아생전에 모두 훌륭한 사람이었습니다."[52] 당시 그의 고모부와 조부모님은 모두 살아 계셨다.

또 법정에 증인으로 출석했을 때 선서부터 하라는 재판관의 명령에 "나는 지금까지 여러 번 이런 선서를 해왔습니다. 다른 분들에게 제 선서가 얼마나 정확한 것인지 말씀 좀 해주십시오."라고 사정했다가 재판을 지연시켰다는 이유로 벌금형을 받기도 했다.

---

[52] 아테네의 관습을 살펴보면 여성이 사망했을 때 본인의 이름과 아버지 이름, 그리고 아버지의 고향까지만 표시하는 것이 관례다. 만일 그 여성이 결혼한 주부라면 여기에 남편의 이름을 더하면 된다. 위의 경우처럼 어머니의 이름까지 기록할 필요는 없었다. 게다가 묘비명에 자기 생각을 새기는 것도 관례에 위배되는 행동이었다. 무엇보다 "이 묘비에 기록된 분들은 살아생전에 모두 훌륭한 사람이었습니다."라는 글귀는 멀쩡히 살아있는 친척들까지 죽은 사람으로 취급하는 매우 경솔한 행동이었다.

14장
건성으로 인생을 사는 자

인생에서 가장 필요한 마음가짐은 과연 무엇일까? 그것은 아마도 진심일 것이다. 그대의 인생을 좌우하는 것은 마음가짐이다. 그 마음의 진실함이 그대의 인생 또한 진실하게 만들 것이다.

그러나 인생을 진실하게 살기란 여간 어려운 일이 아니다. 그대가 알고 있는 많은 사람들이 인생의 귀중한 시간들을 허무하게, 그리고 무가치하게 보내는 까닭은 인생을 바라보는 그들의 마음이 허무하고 무가치하기 때문이다. 이 처럼 허무하고 무가치한 마음을 나는 '건성' 이라 부른다.

건성으로 인생을 살아가는 자들은 말과 행동이 가볍고 속되다. 인생에 목적이 없으므로 시간이 왜 소중한지도 깨닫지 못한다. 친구가 곁에서 고통스러워해도 마음이 움직이지 않는다. 자신의 인생이 소중하다는 것을 깨닫지 못한 사람은 타인의 인생이 소중하다는 것을 모르기 때문이다.

건성으로 인생을 살아가는 자들은 희로애락의 감정표현에 둔감하다. 무엇이 기쁨인지, 분노인지, 슬픔인지, 즐거움인지를 모르는 것이다. 그대가 이런 자들을 두려워하고, 조심해야 하는 이유는 그들과의 우정으로 인해 그대의 인생이 목적과 가치를 잃고 배회할 염려가 있기 때문이다. 따라서 건성으로 세상을 사는 자들은 그대가 반드시 피해야 할 인생의 적이다.

지금부터 그대에게 내가 만난 한 인물을 소개하고자 한다. 이 사람은 자신의 인생에서 눈곱만큼도 가치를 발견하지 못한 불행한 인물이다. 내가 그와 함께 식사를 했을 때 식사비를 그가 냈다. 그는 차를 마시면서 돈을 지불했다. 그리고는 잠시 침묵이 흘렀다. 우리는 더 이상 할 말도 없고 해서 그만 일어나기로 했다. 밖으로 나가면서 그가 종업원에게 물었다.

"모두 얼마인가?"

당황한 종업원은 방금 계산을 마쳤다고 대답했다. 그러자 건성으로 인생을 사는 자가 나를 보며 말했다.

"이거 큰 신세를 졌습니다. 제가 대접했어야 하는데……. 다음엔 꼭 제가 대접하겠습니다."

나는 처음에 그가 나를 놀리는 줄로만 알았다. 어떻게 방금 자기가 계산을 해놓고 나한테 고맙다고 할 수가 있을까? 시간이 지날수록 그가 나를 우습게 여기는 것 같아 화가 치밀었다. 얼마 전에 그는 사소한 시비 끝에 고소를 당했다. 하지만 재판이 시작되어도 그는 모습을 드러내지 않았다. 나중에 알고 보니 재판날짜를 잊어버리고 여행을 다녀왔다는 것이다.

내 친구 중 한 명이 그와 함께 극장을 간 적이 있었다. 유명 배우들이 모두 출현하는 대작이었다. 관객은 만원이었고, 노래와 춤이 쉴 새 없이 이어졌다. 관객들은 모두 흥분해서 자리에서 일어났다. 내 친구 말로는 그가 처음부터 졸기 시작하더니, 연극이 끝날 때까지 졸았다고 한다. 연극이 끝날 때쯤에야 눈을 비비며 일어나서는 "내용은 참 좋은데 조금 소란스럽군요. 저는 원래 비극은 잘 안 보는 편이라서요."라고 말했다. 그런데 이 연극은 희극이었다고 한다.

이 사람은 소화가 잘 안 되는 편이라서 툭하면 저녁을 너무 많이 먹어 체한다고 한다. 식탁 앞에 앉아서도 아무 생각 없이 음식을 퍼먹기 때문이다. 언젠가 한 번은 저녁을 많이 먹고 심하게 체했다. 도저히 견딜 수가 없어 한밤중에 화장실을 가려고 밖으로 나왔다. 그런데 실수로 이웃집 대문을 열고 들어갔다가 사나운 개에게 물리고 말았다. 그의 아내 말로는 옆집 개한테 물린 게 벌써 몇 번째인지도 모른다고 한다. 한 달에 두세 번씩 그 집 개한테 물어뜯기면서도 화장실과 이웃집 대문을 분간 못하는 남편이 원망스럽다고 했다.

그는 아무리 좋은 선물을 받아도 받을 때뿐이다. 집에 가져가서 어디에 선물을 뒀는지 기억을 못한다. 그래서 요즘엔 선물도 거의 들어오지 않는다. 몇 해 전에는 그의 절친한 친구가 죽었다. 건성으로 인생을 사는 그도 마지못해 상갓집에 들렀다. 생전에 아들과 가장 절친했던 친구가 찾아왔다는 말에 죽은 친구의 아버지는 문 밖까지 달려 나왔다. 그는 친구의 아버지를 붙들고 억지로 눈물을 흘리면서 이렇게 인사했다.

"행운을 빕니다."[53]

뭐니 뭐니 해도 그가 동네에서 악평에 시달리는 까닭은 빌

---

[53] 건성으로 인생을 사는 남자는 죽은 친구의 아버지를 만나고도 딱히 위로할 말이 없어 형식적으로 이렇게 인사를 한 것이다.

려준 돈을 받으러 갈 때 증인을 동반하기 때문이다.[54]

예전에 그가 집 앞에서 하인과 싸우는 것을 보고 무슨 일 때문이냐고 물었다. 그는 "이 녀석에게 오이를 사오라고 했더니 시장에 가보지도 않고 오이는 안 판다는 거야." 하고 씩씩거리며 대답했다. "한 겨울에 무슨 오이란 말인가? 지금 때가 어느 때인데 오이가 있어?" 하고 반문했더니, "아차! 지금이 겨울이지? 내가 깜빡했군." 하고 쑥스러운 듯 머리를 긁적이는 것이었다.

또 언젠가 그의 아내가 나를 찾아온 적이 있다. 아들 둘이 심하게 다쳤는데 약값이 조금 부족하다는 것이었다. 나는 아이들이 다쳤다는 말을 듣고 허겁지겁 그 집으로 달려갔다. 두 아이는 몸 이곳저곳에 상처가 난 채 울고 있었다. 어쩌다가 이렇게 다쳤냐고 묻자,

"아버지한테 심심하다고 했어요. 그랬더니 우리더러 레슬링이나 하면서 놀라고 하셨어요. 방안에서 레슬링을 하다가 계단으로 떨어지면 어떡하냐고 물었죠. 아버지는 걱정 말라시면서 옆에 계실 거라고 했어요. 그 말만 믿고 동생이란 레슬

---

54) 돈을 빌려줄 때는 증인이 필요하지만 돈을 받을 때는 증인이 필요 없다. 이자는 이런 기본적인 예의마저 모르고 있었다.

링을 하다가 계단 밑으로 굴러 떨어졌어요."

"그럼, 너희 아버지는 지금 어디 계시니?"

"침대에서 주무시고 계세요."

그의 큰아들은 서럽다는 듯 큰소리로 울음을 터뜨렸다.

그는 요리에도 일가견이 있다. 1년 내내 정성껏 키운 콩을 삶을 때 소금을 너무 많이 뿌려 먹지 못하게 만들거나, 포도주를 만들 땐 마개를 닫아놓지 않는다. 우리는 그의 뒷모습을 바라보며 농담처럼 이렇게 말한다.

"저 자의 집에선 치즈도 썩는다."

금방이라도 비가 쏟아질 것 같으면 사람들은 대부분 "옻칠한 것보다 하늘이 더 어둡군요."라고 말하지만 그는 "별보다 더 어둡네요."라고 말한다.[55] 그렇게 성의 없이 말해놓고도 자기가 무슨 실수를 저질렀는지 전혀 눈치 채지 못하는 것이다.

---

55) 그리스인들은 "별보다 밝다."라는 말을 자주 쓴다. 그래서 건성으로 "별보다 어둡다."라고 표현한 것 같다.

15장
심술쟁이

심술쟁이란 말이나 행동이 불손하고, 사사건건 불만을 터뜨리는 사람이다. 그들은 남이 잘 되는 꼴을 못 본다. 그리고 상대방이 친절하게 나올수록 태도는 더욱 건방져진다. 내가 아는 어떤 심술쟁이는 뭐든지 반대로 말하고, 남들이 칭찬하는 것은 기를 쓰고 비난한다. 이 장에서는 그의 이야기를 들려주겠다.

이 심술쟁이는 외모부터 심술궂게 생겼다. 그래도 사회적인 신분이 꽤 높기 때문에 사람들은 그를 만나면 반갑게 인사하곤 한다. 물론 심술쟁이는 눈도 마주치지 않는다. 저만치 아는 사람의 얼굴이 보이면 심술쟁이는 뚫어져라 그를 쳐다본다. 상대방이 자신의 시선을 눈치 챌 때까지 쏘아보는 것이다. 마치 '난 이렇게 아는 척하고 있는데 당신은 뭐가 잘나서 날 무시하는 건가?' 라는 눈빛으로 노려본다.

상대방이 심술쟁이의 시선을 알아차리고 반갑게 웃으면서 다가오면 심술쟁이도 슬며시 웃으면서 다가간다. 그리고 상대방이 악수하기 위해 손을 내미는 순간, 심술쟁이는 여전히 정면만 뚫어져라 쳐다보며 그대로 지나쳐버린다. 무안해진 상대방이 어깨를 붙잡고 인사해도 심술쟁이는 위아래로 눈을 부라리기만 할뿐 상대방의 인사는 받아주지 않는다.

이렇게 되면 상대방은 자신이 심술쟁이에게 무슨 잘못을 저지른 건 아닌지 걱정이 되어, "혹시 제가 무슨 실례되는 일이라도 했는지요? 그랬다면 정말 죄송합니다."라고 말한다. 이때 심술쟁이는 기다렸다는 듯이 "지금이라도 잘못했다니 사과는 받아들이겠소. 그런데 당신이 정확히 뭘 잘못했는지 알기나 하는 거요?"라고 되묻는다. 아무리 생각해봐도 심술쟁이에게 뭘 잘못했는지 기억이 없는 상대방은 우물쭈물하기만 할뿐 대답을 못한다.

그 모습을 본 심술쟁이는 더욱 기세가 등등해져, "당신은 나한테 잘못한 게 없소. 그러니 뭘 잘못했는지 기억나는 게 없는 건 당연한 거요. 그런데도 당신은 나한테 사과했소. 잘못한 게 없는 사람한테 사과를 받아야 하는 기분이 어떤 건지 당신이 알기나 하오? 당신의 사과 때문에 내 기분이 이렇게 더러워졌으니 똑바로 다시 사과하시오."라고 말한다.

누가 심술쟁이를 붙잡고 "죄송하지만 길 좀 묻겠습니다."라고 말했다간 그 자리에서 이런 말을 들어야 한다. "당신 정말 돼먹지 않은 양반이구만. 당신 눈엔 내가 그렇게 만만해 보이는 거요? 나한테 죄송한 짓이라는 걸 뻔히 알면서도 길을 묻다니……." 또 "혹시 아무개를 알고 계십니까?"라고 물어보면, "응, 알고 있네. 하지만 자네가 어디 있냐고 묻지는 않았으니 장소는 가르쳐줄 수 없네."라고 대답한다.

시장에서 물건을 팔 때도 심술쟁이의 본성은 숨기지 못한다. 물건을 사겠다는 사람이 나타나도 심술쟁이는 빨리 파는 법이 없다. 한 달에 얼마나 버느냐, 그 정도 수입으로 이 물건이 가당키나 하냐, 집에 딸린 식구는 몇이냐, 이 물건을 살 바에야 식구들에게 고기라도 한 점 먹일 생각을 해야 하는 것 아니냐, 당신 같은 사람은 돈이 있어도 이 물건을 살 수 없다, 그 돈은 어디서 났느냐, 도둑질한 돈은 아니냐, 도둑질한 돈이 아니라는 걸 어떻게 증명할 수 있느냐와 같은 말로 하루 종일 사람들을 괴롭히고는 도로 물건을 집으로 가져온다. 그리고 임자가 나타났는데 왜 팔지 않았느냐고 물으면 처음부터 팔 생각이 없었다고 말한다.

또 친구가 잔치를 벌여도 참석은 하지 않고, 자신에게 음식을 가져다 줄 때까지 기다린다.[56] 음식을 받고서도 심부름 온 하인에게 "다음부터는 먹을 만한 음식을 준비한 후 손님을 초대하라고 자네 주인에게 꼭 전하게나."라는 말을 잊지 않는다. 그리고는 다음날 친구들을 초대해 어제 받은 잔치음식을 내놓는다.

복잡한 광장에서 누가 자기 발이라도 밟고 지나가면 무슨 수를 써서라도 앙갚음을 해야 하고, 돌에 걸려 넘어지면 그 돌을 집으로 가져가 하인들에게 부숴버리라고 시킨다. 만약 잘 아는 사람이 가난한 자들을 위해 기부금을 내달라고 부탁하면 그 자리에서 거절한 후 나중에 사람들이 많이 모인 곳에서 기부금을 내는데, 그때는 꼭 이렇게 말한다. "가난한 사람들을

---

56) 여기서 '잔치'란 공적인 제사인지, 개인적으로 축하할 날인지는 분명치 않다. 아무래도 후자의 의미인 것 같다. 고대 그리스에서는 잔치에 참석하지 못한 친구에게 잔치음식을 보내는 것이 관습이었다.

돕자는 취지는 이해하네. 하지만 자네를 믿을 수가 있어야
지."

　누구와 약속을 해도 제 시간에 나가는 법이 없고, 집으로
손님들을 초대한 후 자기는 약속이 있다며 나가고, 축제가 끝
난 후 노래를 부르거나 시를 낭송하고 춤을 추며 뒤풀이를 하
는 사람들에게 물을 끼얹는가 하면, 신들이 오늘날까지 자신
의 기도에 응답해준 적이 없는 것은 물론이고, 만약 신이 있다
면 자신을 좋아할 리가 없으므로 아내와 아이들을 신전 근처
에도 얼씬거리지 못하게 한다.

16장
미신에 사로잡힌 자

미신이란 보이지 않는 귀신을 섬기거나, 그 귀신들 때문에 자신의 삶이 괴로워질까 겁을 집어먹는 것이다. 여기서는 주변에서 흔히 볼 수 있는 미신의 사례들을 살펴보겠으나, 그대가 진실로 두려워해야 할 미신은 귀신에 대한 두려움이 아니라 잘못된 철학과 이념을 맹신하는 것이다.

미신을 한마디로 정의하건대 우상을 섬기는 마음이라고 할 수 있다. 사람들은 우상이라는 단어에서 귀신만을 떠올리지만 그 우상은 돈이 될 수도 있고, 욕심이 될 수도 있고, 남을 증오하는 마음이 될 수도 있고, 권력이 될 수도 있다. 사람이 이 같은 우상에 사로잡히는 까닭은 그 마음에 자기 자신이 없

기 때문이다. 스스로를 상실한 사람은 허전한 마음을 달래고
자 우상에 집착한다. 따라서 마음을 담대히 하고, 정의를 사
랑하고, 자신의 몸을 강하게 단련하는 사람은 우상에 사로잡
히지 않을뿐더러 미신에 현혹되지도 않는다.

오늘날 미신은 그 종류만 해도 매우 다양하다. 미신에 사로
잡힌 사람은 꿈자리가 뒤숭숭하다며 하루에도 몇 번씩 샘물로
양손을 깨끗이 씻고, 성스러운 그릇에 물을 담아 몸에 뿌린다.
그리고 대문 밖에 잠깐이라도 나갈 때는 월계수 이파리를 입
에 물고 잔뜩 겁에 질린 얼굴로 돌아다닌다.[57]

만약, 그때 족제비가 자기 앞을 지나가기라도 하면 정말 큰
일이다. 그 자리에 멈춰 서서 누군가 자기 앞을 지나갈 때까지
기다리든지, 아니면 길가에서 돌을 세 개 주워다가 길 저편으

---

57) 월계수(다프네)가 처음 등장하는 것은 아폴론 신화이다. 아폴론을 피
해 달아나던 다프네가 월계수로 변한 후 아폴론은 월계수를 자신의 나
무로 삼았다고 한다. 그리스 사람들은 아폴론이 악을 물리친다고 믿었
는데, 그 이유는 아폴론이 태양신, 즉 밝음을 뜻하기 때문이었다. 따
라서 아폴론의 나무인 월계수는 '악을 물리치는 신령한 나무'로 여겨
졌다. 그리스의 주술사들은 광인이나 간질병 환자들에게 월계수 이파
리를 물도록 처방하곤 했다. 여기서 미신에 사로잡힌 자가 월계수 이
파리를 물고 돌아다니는 것은 아폴론에게 의지하여 악으로부터 보호
받고 싶다는 뜻이다.

로 던진 후 천천히 걸어가야 한다.[58]

미신에 사로잡힌 자들은 집에 뱀이 나타나도 호들갑을 떤
다. 집에 들어온 뱀이 불그스름한 색깔일 경우 그는 사바지오
스 신을 중얼거리며 뱀이 밖으로 나갈 때까지 아무것도 먹지
않는다. 만약 성스러운 뱀이라면 그 자리에 사당을 건립해야
한다.[59] 또 삼거리에 세워놓은 매끄럽게 닦여진 돌 앞을 지나
갈 때는 하루에 몇 번이 됐든 향유를 붓고, 올리브유를 끼얹

---

58) 족제비(검은고양이나 토끼도 이와 비슷한 뜻이었다)는 예로부터 악운
   을 가져오는 부정한 짐승으로 알려졌다. 여기서 '누가 먼저 지나갈 때
   까지 기다린다'는 것은 족제비가 남기고 간 부정한 기운을 다른 사람
   이 가져갈 때까지 기다린다는 뜻이다. 동물에 의해 예고된 불행은 특
   정인에게 정해진 불행이 아니기 때문에 그것을 알아차린 사람은 얼마
   든지 피할 수 있다고 생각되었다. 따라서 이 장에서 설명한 미신에 사
   로잡힌 남자는 다른 사람이 족제비의 불행을 가져간 후 길을 떠났을 것
   이다(이와 비슷한 사례로 계속 안 좋은 일만 생길 때는 일부러 길가에
   돈을 떨어뜨린 후 누군가 줍도록 했는데, 그렇게 함으로써 돈을 집어
   든 사람에게 자신의 불행을 떠넘길 수 있다고 믿었다). '세 개의 돌을
   던진다'는 것은 숫자에 담겨진 종교적 의미를 해석하면 쉽게 알 수 있
   다. 고대 그리스 사람들은 '3'이라는 숫자를 매우 신성하게 여겼다. 3
   뿐만 아니라 3의 배수인 6, 9, 12, 15 등도 신성하게 여겼다. 여기서
   는 세 개의 돌을 던짐으로써 자신의 불행을 막을 수 있다는 미신을 엿
   보게 된다.
59) '불그스름한 뱀'은 적갈색을 띤 뱀을 말하는데 눈과 입이 상당히 크다
   고 한다. 겉보기엔 매우 위협적으로 보이지만 독이 없기 때문에 물려도
   크게 위험하지는 않다. 또 성질도 매우 온순한 편이다. 이 뱀은 아스크
   레피오스(의술의 선조) 제사 때 제물로 바쳐지며, 디오니소스 신전에도
   조각되어 있다. 사바지오스 신은 디오니소스 신앙이 트라키아, 프리기

고, 무릎을 꿇어 경배한 후 지나간다.[60]

쥐가 곳간에 구멍을 뚫고 들어와 보리자루라도 물고 갔을 때
는 그날 중에 점쟁이[61]를 찾아간다. 이 불운을 어떻게 막으면
좋을지 상의하기 위해서다. 그때 점쟁이가 걱정할 일은 아니
므로 가죽 기술자를 데려가 곳간의 구멍 난 곳을 막으라고 가
르쳐줘도 뭔가 부족하다는 생각을 떨치지 못한 채, 결국은 양
을 잡아 제사를 지내고 액막이굿을 한다.

액막이굿을 할 때는 "헤카테의 여신이 우리 집에 주술을 걸

아 지방에 유입되면서 생겨난 미신으로 원래는 디오니소스의 별명이었
다고 한다. 사바지오스의 이름을 부르는 것은 아마도 그 때문인 것으로
보인다. '성스러운 뱀' 이란 크기가 매우 작은 뱀인데 털로 뒤덮여 있다
고 한다. 이 뱀은 맹독성이기 때문에 물리면 얼마 못 가 죽고 말았다.
그런 뱀을 왜 '성스럽다' 고 표현했는지 그 의미는 분명치 않다.

60) 일반적으로 돌에는 신령한 기운이 깃들어 있다는 믿음이 민간에 전해
져 내려온다. 이 처럼 돌에 대한 신앙은 그리스 전역에서 오랫동안 전
파되어 내려왔다. 그 중 삼거리에 세워놓은 돌은 삼체삼두(三體三頭)
로 불리는 주술의 여신 헤카테에게 바쳐진 것이라는 학설이 있다. 여
기서 돌이 잘 닦여져 있다는 것은 그 마을에서 특별히 관리했다는 뜻
이다.

61) 그 옛날 데메테르를 섬겼던 초대 신관들의 후예다. 실제로 그리스에서
는 신관들 중 죄를 짓거나, 부정을 저지르고 추방된 사람들이 도시에서
점쟁이로 연명했다. 이들은 시중에 알려지지 않은 성사(聖事)와 관계된
전승록을 내밀히 보존하는 역할도 했다고 한다. 점쟁이라고 표현은 했
지만 일반적인 무녀들처럼 마약을 먹고 환각상태에서 미래를 예언하지
는 않았다. 다만 '현재 발생하고 있는 일' 에 대해 종교적으로 해석을 덧
붙이는 것으로 그쳤다.

었다."[62]라고 중얼거리면서 하루에도 집을 몇 번씩 청소해야 하는데, 미신에 사로잡힌 자들에게 이 정도 수고는 일도 아니다. 또 길을 걷다가 올빼미의 울음소리가 들리면 그 자리에 서서 "아테네님이 나를 보호하고 계시다. 네가 아무리 날 저주해도 네 놈 목소리보다 아테네님의 목소리가 더 크다."라고 외친 후 재빨리 그곳을 빠져나간다.[63]

미신에 사로잡힌 자들은 친한 친구가 죽어도 문상을 가지 않는다. 자신은 매우 특별하고 영적인 사람이기 때문에 묘비를 밟거나, 시체를 만지거나, 아이를 낳는 곳에 있어선 안 된다

---

[62] 원래 헤카테의 여신은 인간에게 부와 행복을 전해주는 보호자 같은 성격이었다. 그러나 이것이 점차 변질되어 이 책이 집필될 시기에는 저승과 관련이 깊은 '주술의 여신'으로 여겨지게 되었다. 이 여신은 삼두삼체가 특징인데, 삼거리에서 세 방면을 모두 바라보기 위해서였다고 전해진다. 고대 그리스의 삼거리마다 이 여신을 기념하는 석상이 세워졌고, 그 아래 곡물들을 바치는 관습이 있었다고 한다.

[63] 고대 그리스 사람들은 새를 길조와 흉조로 분류했다. 예를 들어 뻐꾸기는 결혼 후 자녀의 수를 상징했고, 울새가 집에 들어오면 가족 중 한 명이 죽는다고 생각했다. 집 근처 까치가 한 번 울면 슬픈 일이 생기고, 두 번 울면 즐거운 일이, 세 번 울면 자녀가 결혼하고, 네 번 울면 집안에 아기가 태어날 것으로 믿었다. 이 중 올빼미는 흉조와 길조의 의미를 모두 지니고 있었는데 날아가는 뒷모습은 길조지만 올빼미 울음소리는 흉조를 뜻했다. 올빼미 울음소리를 들은 사나이가 '아테네'를 들먹인 까닭은 아테네 여신이 올빼미의 주인이라고 생각했기 때문이다. 즉 아테네 여신에게 올빼미가 가져올 불행을 막아달라고 간청했던 셈이다.

는 것이다. 그런 곳에 있으면 부정을 타게 되는데 나만 괴로워

지는 것이 아니라 내 가족과 친구들까지 고통을 겪게 된다고

말한다. [64]

자다가 꿈을 꾸었을 때는 식전에 해몽가나 예언자를 찾아간

다. 꿈은 신의 계시이므로 어떤 신이, 또는 여신이 이런 꿈을

꾸게 했는지 알아야 하기 때문이다. 오늘 자신의 꿈에 나타난

신이 어떤 신인지를 확인한 후에는 그 신이 원하는 대로 제사

를 지낸다. 미신에 사로잡힌 자들은 오르페우스교의 기도사

들을 특히 좋아하기 때문에 매달 비밀리에 행해지는 의식에

아내와 아이들을 데리고 참석한다. [65]

친척이나 친구의 병문안을 다녀온 후에는 바다에 간다. 일

---

64) 묘비는 굳이 미신에 사로잡힌 남자가 아니더라도 그리스 사람들은 대
부분 부정하게 취급했다. 하지만 친구의 장례식에 참석하면 시체를 만
져야 한다는 이유로 절친한 친구의 죽음을 외면하는 것은 미신 때문에
우정을 배신한 그릇된 행동이라고 하겠다.

65) '오르페우스교의 기도사'는 기원전 7세기부터 6세기 사이에 그리스 전
역으로 퍼진 오르페우스교의 광신도들을 뜻한다. 오르페우스교는 일
종의 밀교로서 플라톤이 비판한 것처럼 상당히 타락했다고 한다. 그 중
에서도 기도사는 거리를 헤매며 구걸을 일삼았고, 미신에 사로잡힌 자
들에게 헛된 믿음을 강요하는 사기꾼들이었다. 그래서 이들은 한 번으
로 족한 '비밀의식'을 매달 강요했다. 비밀의식이라고는 하지만 디오
니소스 축제처럼 광란의 밤이 지속되는 것은 아니고, 사람들에게 겁을
주거나 돈을 뜯어내는 통속적인 액막이로 추정된다.

이 바빠서 바다에 가지 못했을 때는 우물물에 소금이라도 뿌려서 그 물로 씻어야 한다. 그렇게 하지 않으면 마음이 불안해서 일이 손에 잡히지 않는다.[66]

미신에 사로잡힌 자들은 특히 삼거리를 싫어하는데, 삼거리를 지나다가 마늘로 엮은 화환과 제사를 지내고 버린 제물들이 보이면[67] 중요한 약속이 있더라도 우선 집으로 달려간다. 그리고 무녀가 올 때까지 쌓아놓은 파 위에 걸터앉아 머리에 찬물을 끼얹는다. 또 집에서 기르는 강아지를 데려와 자기 주

---

66) 그리스 사람들은 짠 바닷물에서는 악한 기운이 살 수 없다고 생각했다. 그래서 몸에 병이 들거나 죽은 동물을 봤을 때는 바닷물에 손을 닦곤 했다.

67) 앞서 '헤카테의 여신'과 삼거리의 관계를 설명했으므로 그 점에 대해서는 생략하겠다. 부자들은 저주를 피하기 위해 삼거리에 헤카테의 여신을 위한 공양물을 쌓아놓는 관습이 있었다. 마늘로 만든 화환도 그런 공양물 중 하나였다. 그런데 이 마늘은 헤카테의 여신에게 바치는 공양물은 아니었고, 공양물 자체를 보호하기 위한 일종의 부적이었다. 그리스 사람들은 마늘의 매운 기운이 악령의 눈을 괴롭힌다고 믿었기 때문에 공양물을 바친 후 마늘로 화환을 만들어 그 위에 올려놓곤 했다. 이렇게 한 이유는 부자들이 바친 공양물을 가난한 사람들이 훔쳐가지 못하도록 하기 위해서였다. 악령이 바라본 마늘엔 이미 부정한 기운이 숨어있어서 만지기만 해도 악령이 그 사람을 찾아간다는 민간신앙이 있었다. 이 장에 등장하는 사나이는 헤카테의 여신상을 본 것이 아니라 단지 그 공양물을 본 것뿐이다. 그럼에도 헤카테의 여신이 자신에게 저주를 내릴지도 모른다는 두려움에 집으로 달려가 몸을 깨끗이 씻었던 것이다.

위를 원을 그리며 돌게끔 한다.[68] 그래야만 자신에게 부정한 기운이 미치지 못한다고 믿는다. 특히 광인이나 간질병 환자를 조심해야 하는데, 이런 자들과 마주쳤을 때는 눈을 꼭 감고 자기 가슴에 침을 뱉어야 한다.[69]

---

[68] 파와 강아지도 부정한 기운을 물리치는 데 효험이 있었다고 전해진다. 개는 달밤에 악령의 접근을 사람보다 빨리 알아차리는 것으로 알려졌는데, 그 때문에 헤카테의 여신에게 바쳐지는 일이 많았다고 한다. 또 원을 그리는 이유는 마늘로 만든 화환과 마찬가지로 귀신과 악령의 접근을 방지하기 위해서다. 그리스 사람들은 둥근 고리모양이 악령의 침입을 막아준다고 생각했다.

[69] 광인, 특히 간질병 발작은 그리스 사람이라면 누구나 경시하는 질병이었다. 히포크라테스 문서에서 볼 수 있는 것처럼 그리스인들은 사람이 미치는 이유는 인간의 힘으로는 도저히 감당할 수 없는 악령에게 사로잡혔기 때문이라고 믿었으며, 그 초기증세가 간질병이라고 생각했다. 아마도 미신에 사로잡힌 남자 역시 그 같은 상식에 따랐을 것이다. '가슴에 침을 뱉는' 것은 액막이를 위한 상투수단으로써 보통 세 번은 뱉어야 효험이 있다고 한다.

17장
불평하는 자

불평 이란 내가 가진 것들에 대해서는 감사하지 않고, 내가 갖지 못한 것들을 가리키며 억울하고 분하게 생각하는 마음이다. 혹은 내게 없는 것을 다른 사람이 가졌다는 이유로 그를 비방하거나 원망하는 마음을 뜻하기도 한다. 불평은 욕심의 한 단면이다. 부족해서 괴로운 것이 아니라 갖지 못해서 괴로워한다.

불평은 감사하지 못하는 마음에서 생겨난다. 감사를 모른다는 것은 나 또한 누군가에게 베풀지 않겠다는 것과 마찬가지다. 그대가 불평하는 자들을 피해야 하는 까닭은 바로 이 때문이다. 불평하는 자들은 그대의 성의에 감사하지 않는 것은 물론이고, 그대가 어려운 상황에 처했을 때도 결코 도우려고 하지 않을 것이다.

불평하는 자들의 행동은 다음과 같다.

그의 친구들이 잔치를 벌인 후 미안한 마음에 음식을 선물로 전해줘도[70] 그는 고맙게 생각하지 않는다. 오히려 선물을 가져온 하인을 붙잡고 "자네 주인도 참 별난 사람이구먼. 자네 주인이 왜 나를 잔치에 초대하지 않았다고 생각하나? 그건 내가 먹을 음식이 아깝다고 생각했기 때문이야. 그런 사람이 이제 와서 미안하다는 뜻으로 먹다 남긴 수프와 싸구려 술을 보내다니……. 아마도 자네 주인은 내가 자기 집 노예만도 못한 사람으로 보이는 모양일세. 자, 이 음식들 좀 보게. 자네도 이런 건 먹지 않겠지?"라고 푸념한다.

불평하는 자의 마음은 사랑하는 연인 앞에서도 불만이 가득하다. 사랑하는 애인이 키스를 해달라고 말하면 "내가 원하는

---

70) 15장 주석 56참조. 잔치에 참석하지 않은 친구에게 음식을 선물하는 것은 고대 그리스의 전통적인 관습이다. 이 경우 불평하는 자의 친구는 일부러 그를 초대하지 않은 것 같다. 그 대신 관습에 따라 음식을 선물했을 것이다. 불평하는 자는 그 사실을 알았기에 음식을 선물로 받고도 자기를 노예 취급했다며 불만을 터뜨렸다.

건 당신 입술이 아니라 마음이오."라고 퉁명스레 대답한다. 애인이 "당신을 사랑하기 때문에 키스하고 싶은 거라고요." 하고 말하면 "그래도 내가 원하는 건 당신 입술이 아니라 마음 이오."라고 같은 말만 반복한다.

오랜 가뭄 끝에 비가 내리고 마을 사람들이 기쁨에 겨워 축제를 준비하는 모습을 보고는 "제우스도 이제 늙었군요. 지금이 장마철인가요? 장마철도 아닌데 비를 내리다니 이젠 쓸모가 다했어요."라고 투덜거린다.

길에서 지갑을 줍고는 "오늘 길에서 지갑을 하나 주웠어요. 하지만 우리 집엔 지갑이 많다구요. 왜 사람들은 돈만 흘리지 않고 지갑까지 같이 흘리는 거죠? 그가 정말 이성적인 사람이라면 돈을 잃어버리기 전에 지갑을 줍게 될 사람의 처지도 생각해줘야 하는 것 아닌가요? 쓸모도 없는 지갑까지 같이 잃어버리면 나보고 뭘 어떡하라는 거냐고요?"하고 아는 사람을 만날 때마다 말도 안 되는 불평을 늘어놓는다.

노예를 살 때도 사정사정해서 싸게 사고 나서 "혹시 처음부터 이 돈에 팔 생각은 아니었겠죠? 만약 그렇다면 제대로 된 쓸모 있는 노예인지 의심스럽네요."라고 묻는다. 또 아들을 얻게 되면 산파에게 돈을 지불하면서 "내가 아들을 낳았는데 돈은 당신이 버는군요. 난 아들을 낳았으니 재산의 반은 잃게 될 것이고, 당신은 아들을 받았으니 돈을 두 배로 가져가네요."라고 투덜거린다.

　재판 끝에 배심원 전원 표결[71]로 이겨놓고도 변론문이 허술하다며 변호사 비용을 거부하는가 하면 친척들의 재판에 증인으로 참석해놓고는 바쁜 사람의 시간을 빼앗았다며 두고두고 원망한다.

---

71) 배심원 전원 표결은 배심원 중 5분의 4에 해당하는 인원이 찬성하는 것을 말한다.

18장
의심하는 자

의심처럼 다른 사람을 괴롭히는 악덕은 없다. 의심은 사랑하는 사람을 적으로 만들고, 적을 화나게 만들고, 친구를 슬프게 만들고, 자녀를 도둑으로 만들고, 부모를 수치스럽게 만드는 마음의 질병이다.

의심은 상대를 가리지 않고 뿜어지는 독기이며, 상대방은 물론이고 자신의 마음까지 더럽히는 오물이다. 그대는 의심하는 자들을 가까이 하지 않는 것과 더불어 그대 스스로 누군가를 의심하지 않도록 조심해야 할 것이다.

의심하는 자들의 행동은 대체로 다음과 같다.

의심하는 자들은 하인에게 식료품을 사오라고 보낸 후 과연 그 하인이 제대로 사오는지 걱정이 되어 또 다른 하인을 보낸다. 그래도 마음이 불안해서 자기가 직접 하인이 사온 물건을 들고 식료품 가게에 들른다. 시장에 나가도 돈은 반드시 자기가 관리한다 (물건을 살 때 하인을 대동했다면 하인에게 돈을 맡기는 것이 일반적인 관습이다). 1스타디온(약 180미터)을 걸을 때마다 그 자리에 앉아서 돈이 한 푼이라도 줄어들지는 않았는지 액수를 확인한다.

의심이 많은 자들은 하루 일과가 끝나도 마음 편하게 잠들지 못한다. 밤이 되면 새로운 불안이 그의 마음을 어지럽힌다. 몇 번씩 문단속을 한 후 침대에 누웠지만 여전히 불안하다. 그는 아내에게 장롱은 잘 단속했는지, 대문 빗장은 제대로 질러졌는지 등을 꼬치꼬치 캐물으면서 자정이 넘도록 아내의 피곤한 눈을 괴롭힌다. 그것도 모자라 결국엔 추운 겨울밤에 내의 하나만 걸치고 밖으로 나간다. 혹시나 도둑이 들었을지 모른다는 생각에 신발도 신지 않고 살금살금 걷는다. 촛불 하나만 달랑 들고 온 집안을 샅샅이 돌아다닌다. 곳간과 장롱과 대문을 일일이 점검하고 또 점검한 후에야 침대로 돌아오는데, 여전히 불안한 마음은 가시지 않는다.

도둑이 마음만 먹으면 대문 빗장쯤은 언제든 열 수 있다는 생각이 머릿속에서 떠나지 않는다. 문을 잠가두지 않아서 도둑이 드는 것이 아니다. 그것을 열고 들어오기 때문에 도둑이 아닌가. 그는 결국 새벽녘 닭울음소리를 듣고서야 잠을 청한다.

그에게 빚진 사람들은 몇 푼 안 되는 돈에도 인격적으로 모욕당할 각오를 해야 한다. 이 의심 많은 자는 원금이 아닌 이자를 받으러 갈 때도 증인을 동반한다. 만에 하나 채무자가 돈을 꾼 적이 없다고 발뺌할 수도 있다고 생각하기 때문이다. 채무자가 자신의 인격을 믿고 제발 증인만은 데려오지 말아달라고 부탁해도 이자에겐 어림없는 소리다.

하다못해 세탁소에 옷을 맡길 때도 증인이 있어야 한다. 무명으로 만든 속옷을 세탁할 때도 의심 많은 자는 증인을 앞세운다. 그리고 세탁비보다 몇 배나 비싼 보증금을 세탁소 주인에게 요구한다. 그렇지 않으면 절대로 세탁소에 옷을 맡기지 않는다. 화가 난 세탁소 주인이 속옷 정도는 신뢰관계만으로도 맡길 수 있는 것 아니냐고 따지면 엄연한 상거래인데 계약서도 쓰지 않고 옷을 맡기지는 못하겠다고 버틴다.

의심 많은 자가 제일 싫어하는 것은 물건을 빌려주는 것이다. 돈을 빌려주면 이자라도 받지만, 물건을 빌려주면 이자는 고사하고 물건에 흠집이 날 수도 있기 때문이다. 그래서 누가 술잔을 빌려달라고 간청해도 눈 하나 깜짝하지 않는다. 하지만 친척이나 가족이 술잔을 빌려달라고 할 때는 이 의심 많은 자도 어쩔 수 없이 빌려준다. 그 대신 술잔을 빌려주기 전에 무게를 재고, 금의 순도도 미리 달아본다. 만약 먼 친척이 그 같은 부탁을 해올 때는 담보를 요구하기도 한다.

하인과 함께 먼 길을 나설 때는 남들이 비웃거나 말거나 하인을 앞세우고 다닌다. 그 이유는 하인이 뒤에서 자신을 죽이고 도망치는 것이 걱정되어서다. 친구가 그에게 물건을 산 후 "지금은 너무 바빠서 돈을 줄 틈이 없네. 저녁 때 값을 지불할 테니 외상으로 달아주게."라고 부탁하면 의심 많은 사내는 이렇게 말한다. "걱정하지 말게나. 자네 일이 끝날 때까지 옆에서 기다리겠네."

19장
허영이 가득한 자

허영은 명예에서 시작된다. 그러나 허영과 명예는 그 결과가 완전히 다르다. 명예는 정당한 수단으로 자신의 가치를 증명하는 매우 정의로운 행동이다. 따라서 명예는 그 결과도 중요하지만 과정 또한 무시하지 못한다. 이에 반해 허영은 결과만을 추종하는 얄팍한 상술에 가깝다. 명예를 얻기까지 소요되는 노력과 헌신 등을 무시한 채 눈앞의 존귀함만 추종하는 그릇된 이기심이다.

명예로운 자는 다수를 위해 헌신할 줄 알지만, 허영이 가득한 자는 다수의 존경만을 바란다. 명예로운 자는 국가의 장래를 생각하지만, 허영이 가득한 자는 국가의 권력이 어디로 향하는지를 주목한다.

허영이 가득한 자는 "나는 앞으로 어떻게 살 것이다."라고 말하지 않는다. "나는 앞으로 이렇게 보일 것이다."라고 말한다. 허영은 가질 수 없는 것을 갖고 싶어 하는 마음에서 비롯되므로 허영이 가득한 자들은 그 욕망을 위해서라면 수단과 방법을 가리지 않는다. 이들은 체면을 모르기 때문에 인격이 왜 필요한지도 깨닫지 못한다. 당신이 이런 자를 주의해야 하는 것은 당연하다.

허영이 가득한 자를 식사에 초대한다면 그는 어떻게든 당신의 바로 옆자리에 앉으려고 노력할 것이다. 주인의 자리가 상석이기 때문에 그 옆에 앉으려는 것이 아니라, 주인과의 친근함을 다른 사람들에게 과시하기 위해서다.

허영이 가득한 자는 아들의 성인식을 델포이 신전에서 치른다. 성인이 됐다는 징표로써 델포이 신전의 신관들에게 아들의 머리카락을 잘라달라고 사정한다.[72]

---

72) 일설에 의하면 테세우스가 그곳에서 머리를 잘랐다고 한다. 이 때문에 아테네의 부유층 인사들은 델포이 신전에서 아들의 성인식을 치르곤 했다. 성인식을 치를 때는 머리털을 자르는데, 자른 머리털은 먼저 물의 신에게 바치고, 앞으로 훌륭한 인물이 되게 해달라고 기도하는 것이

허영이 가득한 자는 집 근처에 볼일이 있을 때면 웬만한 부자가 아니면 엄두도 낼 수 없는 몸값이 비싼 에티오피아 노예를 앞세운다. 심할 경우 자기 집 정원을 돌아볼 때도 에티오피아 노예를 대동한다.

시장에서 물건을 살 때는 1므나를 지불한 후 새 은화로 거스름돈을 달라고 부탁한다. 주인이 새 은화가 없다고 하면 하루종일 가게 앞을 서성이며 물건 값으로 새 은화를 지불하는 손님이 나타날 때까지 기다리는 수고도 마다하지 않는다.

허영이 가득한 자는 새를 길러도 구관조를 고집한다. 구관조를 위해 새장에 작은 사다리를 놓고, 값비싼 청동으로 방패도 만들어준다. 그러면 구관조는 이 방패를 주둥이로 물고 사다리를 오르내린다. 이것은 모든 구관조의 일반적인 습성이다. 하지만 그는 "우리 집에 머잖아 사령관이 등장할 것 같다. 집에서 기르는 새가 방패를 입에 물고 성벽을 오르는 흉내를 내고 있다."라는 소문을 퍼뜨린다.

어쩌다가 큰 맘 먹고 신전에 황소를 바쳤을 때는 미리 신관에게 부탁해 황소머리를 집으로 가져온다. 이 황소머리를 대문에 걸어둔 후 붉은 리본으로 뿔을 감싼다. 집 앞을 지나가는 사람들에게 "이 집은 정말 부자군. 보통 사람은 양 한 마리도

벅찬데 황소를 바쳤으니 말이야."라는 소리를 듣고 싶어서다. 그는 이 황소머리가 완전히 말라버릴 때까지 대문에 걸어둔다.

또 기사들과 함께 제사행렬[73]에 참가하게 되었을 때는 어느 기사들 보다 가장 큰 박차(拍車)를 신발에 매단다. 그리고 제사가 끝난 후 평소에 입는 상의차림[74]으로 광장을 돌아다닐 때도 박차만큼은 신발에서 떼어내지 않는다.

허영이 가득한 자는 집에서 개를 키우더라도 메리테 섬의 개만 골라서 키운다. 만약 이 개가 죽기라도 하면 마치 가족 중 누가 죽은 것처럼 잔치를 벌이고 집 안에 무덤까지 만든다. 그것으로도 부족해 묘비를 세우는데, '메리테 섬 출신의 크레도스'[75]라는 묘비명까지 직접 새긴다.

보통이었다. 그러나 테오플라스토스가 이 책을 집필할 때는 그 같은 관습도 거의 잊혀지고 있었다.

73) 대규모 제전이나 공적인 축전, 제사 등을 할 때는 그 전날 1200명의 기사가 두 명의 기병대장과 10명의 부족 대장의 지휘를 받으며 거리를 행진하는 풍습이 있었다.

74) '평소에 입는 상의'가 아니라 보랏빛으로 자수한 '행렬 옷차림'일 것이라는 설도 있다. 중요한 것은 행진이 끝났음에도 박차가 달린 신발을 신고 거리를 돌아다녔다는 점이다. 아마도 자신이 행진에 참석한 기사 중 한 명임을 과시하고 싶어서였을 것이다.

75) 개 이름이 '크레도스'라는 것부터 허영이다. 애완용으로 인기가 높은 메리테 섬의 개는 당시에도 상당한 가격이었다.

또 아스크레피오스 신전에 청동반지를 헌납[76]하게 되었을 때는 하루에도 몇 번씩 신전을 찾아가 반지를 닦고 화환을 바치고 향유를 뿌린다. 그리고 신전을 방문하는 사람들에게 자신이 헌납한 청동반지를 보여주며, 이 반지를 만든 청동은 멀리 사막에서 구해왔다고 말한다.

허영이 가득한 자들은 권력욕이 매우 강하다. 그들은 대중 집회가 있을 때마다 사소한 자리라도 이름을 내세우고 싶어 한다. 제사가 끝난 후 시민들에게 제사에 소요된 비용을 보고할 때도 허영이 가득한 자는 어떻게든 그 자리에 끼고 싶어서 정무심의회 인사들에게 뇌물을 바친다.[77] 그렇게 해서 보고자로 지명되면 한 번도 입지 않은 백의를 꺼내 입고, 값비싼 화관을 만들어 쓴 후 단상에 오른다. 이 자리는 제물을 구입하는 데 든 비용과 악사 공연비, 잔치 음식비, 화관 제작비 등의 품

---

[76] 병에 걸린 가족이 완쾌되면 그 답례로 청동반지를 헌납했다. 이것은 두 번 다시 같은 병에 걸리지 않게 해달라는 부적 역할도 했다. 아테네의 아스크레피오스 신전은 아크로폴리스 서남쪽의 경사진 절벽에 있었다고 한다.

[77] 정무심의회는 500명이 기준이다. 그 중에 선거로 50명의 집행위원이 선출되었으며, 약 5주일 동안 정무를 담당했다. 테오플라스토스 시대에는 정무심의회의 기능이 쇠퇴하여 정치적인 권한은 없었다. 주로 종교적인 행사가 있을 때 비용을 충당하거나 행사를 진행하는 정도였다.

목과 구입금액만 밝히면 되는 것이지만 허영이 가득한 자는 마치 집정관이라도 된 것처럼 이렇게 외친다.

"사랑하고 존경하고 내 형제처럼 아끼며 부모처럼 공경해온 아테네 시민들이여, 우리들 집행위원 일동은 신성한 어머니인 여신[78]에게 제물을 바쳤습니다. 우리가 준비한 제물은 여신을 만족시킬 만큼 충분히 훌륭했습니다. 나는 여러분들이 매우 자랑스럽습니다. 그 어느 때보다 위대한 축제였으며 제사였음을 나는 이 자리에서 선포하는 바입니다. 여러분 모두에게 은혜가 넘치기를……."[79]

이쯤 되면 여기저기서 야유가 터져 나온다. 하지만 허영이 가득한 자는 조금도 망설이지 않고 준비한 원고를 모두 읽어내려간다. 그리고 집으로 돌아와서는 아내와 자녀, 하인들을 거실에 모아놓고 원고를 다시 읽어준다.

허영이 가득한 자는 외모에 민감하기 때문에 이발을 자주 하고, 이를 30분씩 닦고, 옷은 식사 때마다 갈아입으며, 몸에는

---

78) 큐베레 여신을 말한다. 큐베레 여신의 신전은 아고라 신전 동쪽에 위치했으며, 집행위원이 정무를 맡는 영빈관(플류타네이온)에서 볼 때는 남쪽에 있었다고 한다.
79) "여러분 모두에게 은혜가 넘치기를"이라는 말은 국가의 통수권자나, 델포이 신전의 제사장들이 쓸 수 있는 말이었다.

젊은 처녀들이 남자를 유혹할 때 바르는 향유를 끼얹고 다닌다.[80] 또한 몸살을 앓아도 하루에 두 번은 아테네 시민이 자주 모이는 사교장을 들락거린다. 레슬링 따위는 엄두도 내지 못할 만큼 살이 찐 주제에 체육관[81]에서 젊은이들을 만나는 것이 인생의 유일한 낙이라고 외치며, 극장에서는 유명한 장군들 옆자리에 앉기 위해 극장 종업원들을 매수하기도 한다.

허영이 가득한 자는 대부분 가난한 편이다. 남들에게 과시하는 데 드는 비용이 너무 많기 때문이다. 그래도 외국인을 위해서라면 물불을 가리지 않는다. 마케도니아에서 온 외국인에겐 비잔티온의 도자기를 선물하고, 큐지코스에서 온 외국인에겐 라코니아종 개를[82] 선물하고, 로드스 섬에서 놀러온 관광객들에겐 방향(芳香)식물이 많아 상품의 꿀이 생산되는

---

80) 일반적으로 사용하는 올리브유와 젊은 처녀들이 남자를 유혹할 때 사용하는 향유는 라드, 고마기름, 아몬드, 텔레빈 기름 등을 섞어서 만들었고, 냄새가 매우 좋았다고 한다. 크세노폰(고대 그리스의 장군, 역사가, 소크라테스의 친구)의 《향연》을 보면 소크라테스는 평생 올리브유만 발랐다고 한다.

81) 아테네의 체육관은 20세 이하와 20세 이상이 사용하는 장소가 달랐다. 여기서는 젊은이 전용 체육관을 말하는 것 같은데, 이런 곳은 결혼을 하지 않은 젊은 청년만 드나들 수 있었다.

82) 붉은 색을 띤 갈색의 사냥개로서 여우와 교배시킨 잡종. '진실의 냄새를 맡는 라코니아의 개'라는 별칭으로 불렸다.

아테네 근교의 휴매토스 산의 꿀을 선물하는 식이다.

그들은 구관조 외에도 갖가지 동물들을 기른다. 꼬리가 짧은 티튜로스 원숭이, 시케리아 비둘기, 영양 등을 방 안에 풀어놓는다. 그리고 고리대금업자에게 돈을 빌려서라도 트리온에서 만든 향유단지와 스파르타식 지팡이, 페르시아산 카펫을 구입하고, 거실에 소형 레슬링장이 갖춰져 있는 것을 크게 자랑하고 다닌다.

허영이 가득한 자는 자기 집 레슬링장에 떠돌이 철학자와 사기전과가 있는 궤변론자, 마음만 먹으면 당장이라도 강도가 될 수 있는 차력사와 낮에는 피리를 연주하고 밤에는 몸을 연주하는 여자 악사들을 초청한 후 사람들을 부른다. 그리고 볼거리가 한참 진행되었을 때쯤 어슬렁거리며 레슬링장에 모습을 드러낸다. 그 이유는 손님 중 누군가가 "오늘 이 자리를 마련하신 분께서 들어오십니다."라고 외쳐주기를 고대해서다.

20장
구두쇠

이 장에서는 구두쇠가 어떤 사람인지 설명하고자 한다. 엄격히 말하면 구두쇠와 인색한 자는 여러모로 차이가 있다. 예컨대 구두쇠란 공적인 지출을 두려워하는 사람이다. 혹은 그에 대해 무신경한 사람이다.

그대가 구두쇠를 조심해야 하는 이유는 그들의 양심이 올바르지 않기 때문이다. 구두쇠는 단순히 자기의 재물을 아끼는 데 그치지 않고 공적인 베풂을 거부하는 부류이다. 자신은 다른 사람이 바친 세금으로 사회적인 시설물을 이용하고, 국가의 보호를 받으면서 그에 대한 부담은 거부한다. 한 마디로 말해서 구두쇠는 지극히 이기적인 자들이다.

그의 눈에 보이는 것은 자기 자신뿐이다. 내가 아닌 다른 사람을 위해서는 조금도 내놓을 게 없다는 사람들이다. 그러면서도 다른 사람은 자기를 위해 정해진 세금을 바치고, 전쟁에 참전해서 자신의 생명과 재산을 지켜야 한다고 생각한다. 이 처럼 몰지각한 자들과는 애초부터 상종하지 않는 것이 최선이다.

유명한 구두쇠 한 명이 자기 마을의 합창단을 이끌고 비극 경연대회에 참석했다. 구두쇠가 합창단의 일원으로 참가한 것은 아니다. 고레고스, 즉 마을에서 순번제로 맡는 지휘자였던 셈이다. 이들 지휘자는 유복한 시민이 번갈아 가면서 맡는데 합창단의 연습과 의상, 대회 참가비용을 담당했다. 그런데 그의 기대와 달리 구두쇠 마을의 합창단이 우승을 차지했다. 우승을 차지한 마을에서는 관례대로 디오니소스 신에게 우승의 기쁨을 표하기로 했다.[83] 그 비용과 준비는 모두 구두쇠가 맡았는데 나중에 알고 보니 나무로 만든 그릇 몇 개를 바친 게 전

---

[83] 원래는 청동으로 세 발 솥을 만들어 헌납하는 것이 관습이었다. '나무로 만든 그릇'이 어떤 종류인지는 정확히 알 수 없다. 대리석의 기념판을 만든 후 부조를 곁들인 것을 헌납할 때도 있었으므로 구두쇠가 바친 나무로 만든 그릇이 얼마나 조악한지 짐작이 간다.

부였고, 자기 이름만 새겨 넣었다는 것이다.[84]

또 민회에 참석했을 때 세금이 의제로 오르기라도 하면 회의가 시작되기 전부터 오만상을 찌푸리고 앉아 있다가 그를 잘 아는 사람이 "오늘따라 왜 이렇게 불편해 보이십니까? 설마 세금 때문에 그런 건 아니겠지요?" 하고 비아냥거리면, "잘 보셨수. 이 나라가 나한테 해준 게 뭐 있다고 허구한 날 세금타령이오?" 하고 반문한다. "그래도 당신은 부자가 아닙니까? 많은 돈을 벌었으니 그만큼 세금도 많이 내셔야지요." 하고 말하면 자리에서 벌떡 일어나, "내가 재산을 모을 때 국가는 어디에 있었소? 새벽 같이 일하러 나갈 때 따끈하게 우유를 한 잔 끓여준 적이 있소? 그런데 이제 와서 돈을 많이 벌었으니 세금도 많이 내야 한다는 거요? 난 이런 불공평한 민회엔 참석하지 않겠소." 하고 큰소리로 외친 후 나가버리기 일쑤다.

또 자기 딸이 시집갈 때는 조용히 딸을 불러내 쪽지 하나를 보여주며 이렇게 말한다. "아버지가 널 키우느라 들어간 비용이란다. 네 지참금은 널 키우는 데 다 써버렸으니 한 푼도 줄

---

[84] 일반적으로는 합창단 전원의 이름을 새겨 넣었고, 당시의 아르콘(집정관)이나, 악사들의 이름까지 써넣었다.

수 없다." 그래도 결혼식 당일에는 소도 잡고, 양도 잡는다. 다만 신관에게 전해줄 고기만 남기고 나머지는 모두 팔아버리는 것이 문제다. 제물로 사용된 고기는 손님들에게 대접하는 것이 관습이었다. 그나마 신관에게 주는 고기도 내장과 발목, 귀, 혓바닥 등이 고작이다.

"성스러운 결혼식 날에 이런 고기를 바치면 못씁니다. 그리고 가져갈 고기는 제가 정하는 것이 법도입니다." 하고 신관이 말하면, "당신은 내 딸 이름이 뭔지 알고 있소?, 내 딸이 언제 태어났는지 알고 있소?, 내 딸이 누구한테 시집가는지 알고 있소?, 내 딸을 키울 때 한 푼이라도 보태봤소?, 혓바닥이라도 갖다 바치는 걸 감사하게 생각하시오." 하고 사람들 앞에서 면박을 준다.

피로연을 할 때도 아내가 사정사정해야 일할 사람을 부르는데, 각자 먹을 음식은 알아서 준비한다는 전제하에 고용한다. 피로연을 돕는 사람들에게 돈뿐만이 아니라 식사도 대접해야 했기 때문이다.

군선(해전에 쓰이는 배)의 공역을 맡게 되면 집행관이 몇 번씩 방문해도 모른 척하다가 법정에 고발하겠다는 말을 듣고서야 마지못해 배에 오른다. 또 멀쩡한 선실을 놔두고 굳이 갑판

에서 잠을 청한다.[85]

하나뿐인 아들이 오늘 학교에서 축제를 한다고 알려주면 아들을 방 안에 가둬버린다. 그 이유는 여신들(뮤즈)에게 제사를 지낼 때 기부금을 내지 않기 위해서다. 학교에서 아들을 데려가기 위해 선생이 찾아오면 대문을 굳게 잠근 채 아들이 많이 아파서 오늘은 학교에 못 나간다고 말한다. 어디가 아프냐고 물으면 전염병이라고 대답한다. 그리고 축제가 끝난 다음날 아침, 신기하게도 병이 다 나았다면서 아들과 함께 학교를 방문한다.

구두쇠 역시 자기가 직접 식료품을 구입한다. 구두쇠가 직접 식료품을 구입했던 이유는 돈을 아끼려고 하인들을 두지 않았기 때문이다. 하지만 고기나 채소는 항상 소량만 구입한다. 그의 아내가 왜 이렇게 조금씩 사오냐고 물으면 다른 사람들 눈치가 보여서 주머니에 넣고 다닐 만큼만 샀다고 대답한다.

---

[85] '군선의 공역'이란 유복한 시민에게만 부여되는 일종의 특권이었다. 공역에 참가하는 시민은 며칠간 배에서 생활하는데 자기 이름을 딴 선실을 만들어야 했다. 구두쇠 역시 자기 돈을 들여 선실을 만들었을 것이다. 그 선실에서 자지 않고 갑판에서 지냈다는 것은 비용절감을 위해서가 아니라 선실에 깔아놓은 새 침구를 아끼기 위해서였을 것이다.

구두쇠는 평상복이 한 벌밖에 없기 때문에 상의를 세탁소에 맡기게 되면 하루 종일 집에 있어야 한다. 만약 그의 친구 중 한 명이 기부금을 모으고 있다는 소식이 들리면 늦은 밤까지 집을 비운다. 혹시라도 그 친구가 찾아올까 두려워서다.

딸을 시집보낼 때는 기부금을 한 푼도 내놓지 않았지만 자기 아내에겐 엄청난 지참금을 요구하는 것도 구두쇠의 특성이다. 그러나 구두쇠는 아내에게 하녀를 허락하지 않는다. 그러면서 아내가 외출할 때마다 옆집에서 하녀를 빌려온다.

꿰맨 자리가 터진 구두를 신고 돌아다니면서 뿔보다 더 단단하다고 큰소리를 치며, 아침부터 집을 청소하고 소파를 닦는다. 또 의자에 앉을 때는 걸치고 있던 닳아빠진 망토를 곱게 접어 무릎 위에 가지런히 올려놓는다.

21장
허풍선이

허풍 이란 허영과 비슷한 뜻이다.[86] 허영이 자신이 가진 것들을 과시하는 행동이라면 허풍은 있지도 않은 것을 자랑하는 행동이다. 허영은 목적이 있다. 자신의 출세나 권력욕, 재물을 위해서다. 하지만 허풍은 목적이 없다. 다만 태어나길 그런 성격으로 태어난 것이 문제다. 허풍에 대해서는 다음과 같이 정의할 수 있다.

허풍선이들은 항구를 기웃거리다가 낯선 외국 사람들을 만

---

[86] '허풍선이'의 목적은 다른 사람으로부터 호평을 받는 것이다. 그런 점에서 19장에 등장하는 '허영이 가득한 자'와 유사한 면이 있다.

나면 무척 바쁘다는 시늉을 하면서 접근한다. 그리고 "아마 당신은 내가 이 바다에 얼마나 많은 돈을 쏟아 붓고 있는지[87] 상상도 못할 거요. 바다의 신이 노하는 날엔 그야말로 쫄딱 망하게 된단 말이오. 모르긴 해도 내가 망했다간 이 도시가 휘청거릴 겁니다."라고 거만하게 말한다.

또 자신이 금융업을 하고 있는데 이곳에서만 하는 게 아니라 세계 곳곳으로 사업을 확장시키고 있다, 원하기만 한다면 당신 나라에 은행을 만들 수도 있다, 라는 이야기를 떠들어댄다. 상대방이 관심을 갖든 속으로 비웃든 상관하지 않고 마음 내키는 대로 이야기하는 것이다.

그동안 자신이 벌어들인 돈이면 이 항구를 사고도 남는다는 둥, 사업을 하다 잃어버린 돈이 지금까지 남아 있었다면 당신에게도 이만한 항구를 선물할 수 있었을 거라는 둥, 상대방이 묻지도 않은 얘기를 한참이나 떠든다. 그러고는 어디 가서 술이라도 한 잔 걸쳐야겠다며 하인에게 은행에 다녀오라고 한다. 그렇다면 이 허풍선이가 은행에 맡긴 돈은 얼마나 될까?

---

87) '바다에 돈을 쏟아 붓는다' 라는 말은 '선박저당임차계약' 을 체결했다는 뜻이다. 가난한 선주들은 배나 적하물을 담보로 항해에 필요한 비용을 충당하곤 했다. 그러나 배가 난파하면 채권자 입장에서는 한 푼도 건지지 못했기 때문에 이자가 상당히 비쌌다.

고작해야 1드라크메밖에 안 된다.

오래전에 허풍선이로 유명한 사나이와 동행하게 된 적이 있었다. 그는 첫날부터 허풍을 떨기 시작했는데 젊은 시절 알렉산더 대왕과 페르시아를 정복했다고 떠벌렸다. 내가 농담이 너무 심한 것 아니냐고 나무라자 "정말이에요. 알렉산더 대왕이 날 얼마나 귀여워했는지 모른답니다. 귀여워했다기보다는 나에게 많이 의지했지요. 페르시아군과 싸울 때 난 항상 선봉대였거든요. 정말 무시무시한 전투를 많이 겪었지요. 셀 수 없이 많은 사람들을 죽였습니다. 대왕은 전쟁이 끝난 후 온갖 보물들을 상금으로 주었답니다. 우리 집에 가면 모두 볼 수 있지요. 대왕이 가장 아끼던 보석을 박은 술잔도 줬고, 칼과 방패도 줬어요. 정 못 믿겠다면 나중에 한번 오세요. 하지만 다른 사람에겐 비밀입니다. 당신도 알다시피 아테네 사람들은 알렉산더 대왕을 싫어하잖아요. 그래서 나도 될 수 있으면 알렉산더 대왕의 선봉대였다는 걸 숨겨왔지요."

나도 하마터면 그의 허풍에 넘어갈 뻔했다. 못 믿겠으면 나중에 집으로 찾아오라는데 누가 그의 말을 의심하겠는가? 그뿐만이 아니었다. 허풍선이는 전쟁이 끝난 후 유럽과 아시아를 넘나들며 비단 장사를 했다고 한다. 그러면서 하는 말이

"아시아는 옷감이 참 좋아요. 비단도 최고급이죠. 유럽 비단보다 값도 훨씬 많이 받습니다. 아시아의 옷감이 좋은 이유는 날씨 때문인 것 같아요." 하며 아는 척을 했다.

그러나 우연히도 나는 그가 아시아에 가본 적이 없다는 것을 알게 되었다. 내가 그 사실을 추궁하자, 처음에는 결투라도 신청할 것처럼 달려들었다. 하지만 내가 조목조목 따져 묻자, 실은 아시아에 간 적이 없다고 털어놓았다. 아시아만 못 가본 게 아니라 태어나서 아테네 밖으로는 한 발짝도 나가본 적이 없다고 했다.

이 허풍선이는 그 후로도 사람들을 만날 때마다 허풍을 떨었다. 자신이 마케도니아의 섭정왕인 안티파트로스와 어렸을 때부터 죽마고우로 지냈는데, 얼마 전에도 생일편지를 보냈다고 주장했다. 또 안티파트로스가 목재사업을 해보라고 권한 적이 있다면서 자기가 마음만 먹으면 관세 한 푼 내지 않고 마케도니아의 목재를 운반할 수 있다고 장담했다. 어떤 사람이 "그럼 왜 여기 있는 거요? 당장 마케도니아로 달려가야지." 하고 못 믿겠다는 식으로 비웃자 "이 양반아, 뭘 모르면 조용히 남의 얘기나 들으라구. 내 친구인 안티파트로스가 이미 나한테 목재 운반권을 보냈단 말이오. 하지만 그 사실을 아테네 사람들이 알아보게. 날 가만히 두겠나? 가뜩이나 알렉산더 대왕의 선봉대였다는 과거가 알려지는 바람에 이렇게 떠돌아다니고 있는 처지인데 마케도니아에서 벌목한 나무들을 가져와 보게. 아테네 정부가 날 죽이려고 들 걸세. 그래서 하는 수 없이 '우정만 받겠소' 하고 안티파트로스에게 이미 편지를 보냈다네."[88]

이어서 허풍선이는 기근(饑饉) 당시(BC 330~BC 326) 자신이 아테네 시민들을 위해 세운 공로를 자랑하기 시작했다.

"그 해엔 기근이 정말 극심했소. 사람들이 내 신분을 의심할 거라고 생각했지만 어쨌든 죽어가는 사람들을 살리는 게 먼저일 것 같아 우선 5달란트부터 내놓았지. 하지만 5달란트로는 어림도 없었어. 거리마다 굶주린 아이들이 울부짖고 있었소. 그래서 알렉산더 대왕이 내게 선물한 술잔과 방패, 칼, 보석, 심지어 내가 입어야 할 옷까지 모두 내놓았소. 그것들을 다 합치니 10달란트 정도 되더구먼. 나는 이 돈을 들고 아테네 정부를 찾아갔소. 그런데 이 작자들은 고맙다는 말은 고

---

[88] 당시 아테네 사람들은 알렉산더 대왕을 좋아하지 않았다. 그 이유는 알렉산더가 그리스를 정복했기 때문이다. 같은 이유로 안티파트로스에 대해서도 적대적이었다. 허풍선이는 이런 시대적 환경을 교묘하게 이용했다.

사하고 기근을 틈타 스파르타에서 쳐들어올지도 모른다, 그러니 돈을 조금만 더 보태달라는 식으로 떼를 쓰는 거요. 결국 어쩔 수 없이 군선을 만들라고 또 돈을 내주었지. 그때는 5달란트 이상이었소."[89)]

여행에서 돌아온 후 허풍선이를 시장에서 다시 만났다. 그는 혈통이 좋아 보이는 말 앞에서 금방이라도 계약할 것처럼 한참을 떠들더니, 결국엔 "정말 탐나는 말이오. 하지만 난 암말이 필요해요. 수말은 우리 집에도 아주 많거든요." 하고는 그냥 가버렸다. 또 시장에서는 2달란트가 넘는 최고급 옷을 실컷 입어본 후 하인이 돈을 안 가져왔다면서 하인을 마구 나무란다.

그는 세를 살고 있으면서 그런 사정을 모르는 사람에겐 "이 집은 저희 아버지가 물려주신 집이에요. 할아버지 때부터 살던 집이죠. 벌써 몇 번씩 팔려고 생각했는데 도저히 못 팔겠더군요. 집이 좀 낡긴 했지만 양해해주십시오."라고 말한다.

---

89) '5달란트 이상'이라고 말한 것은 자신의 겸손함을 자랑하려고 그랬던 것 같다.

22장
거만한 자

거만한 자들은 자신을 제외한 세상 모든 사람들을 경멸한다. 신분이 높은 것도 아니고 존경받을 만한 업적을 남기지도 못했으면서, 또 재산이 넉넉한 처지도 못 되면서 상대방이 위인이든 귀족이든 서민이든 장사치든 가리지 않고 무시한다.

거만한 자는 채권자가 돈을 받으러 찾아와도 반갑게 인사하는 법이 없다. 인사는커녕 "지금 식사 중입니다. 잠시 후에 다시 찾아오시지요.", "산책할 시간입니다. 내일 다시 찾아오십시오."라는 말을 아무렇지도 않게 내뱉는다. 화가 난 채권자가 "당신이 밥을 먹든, 산책을 하든 내가 알 바 아니오. 난 빌려준 돈과 이자만 받으면 되니까 빨리 주시오."라고 소리치면, "돈을 안 주겠다는 게 아니잖소. 내 지갑엔 며칠 전부터 당신에게 갚을 돈이 들어있었소. 하지만 당신 때문에 내 일정에 차질이 생겨서는 안 되니 다음에 시간을 잘 맞춰서 찾아오시오." 하고 끝까지 버틴다.

거만한 자들은 타인에게 조금이라도 친절을 베풀면 평생토록 그 얘길 끄집어낸다. 상대방에게 은혜를 갚으라는 뜻이 아니다. '당신은 나에게 은혜를 입었다. 그러므로 당신은 나보다 못한 사람이다' 라는 뜻에서 그런 말을 하는 것이다.

거만한 자에게 증인이 되어달라고 부탁하면 그는 이렇게 말한다. "좋습니다. 증인 정도는 얼마든지 해드릴 수 있습니다. 하지만 난 좀 바쁜 사람입니다. 내가 법정에 나가는 건 힘들 것 같으니 재판관보고 날 찾아오라고 하십시오."

어쩌다가 거수투표로 중요한 요직에 선출되기라도 하면 거만한 표정으로 선서를 한다. 그리고 다음날 아침이 되면 사직하겠다고 말한다. 사직하는 이유가 뭐냐고 물으면 "이런 쓸데없는 일에 시간낭비하고 싶지 않습니다. 저는 무척 바쁜 사람입니다."라고 대답한다.[90]

---

[90] 집정관(아르콘)을 포함해 대부분의 관직은 제비뽑기로 결정했다. 그

거만한 자들에게서 공통적으로 발견되는 특성은 상대방이 누구든 간에 먼저 다가가지도 않고, 먼저 인사도 하지 않는다는 점이다. 그들은 시장에서 아버지를 만나도 아버지가 먼저 아는 척할 때까지 기다린다. 그에게 물건을 팔거나 그 밑에서 일하게 해달라고 요청하면, 지금은 바쁘니까 내일 새벽에 다시 찾아오라는 말을 들어야 한다.

광장을 지나가다 우연히 친구를 만나면 거만한 자는 눈을 내리깐 채 친구가 손을 내밀어도 악수하지 않는다. 마치 네가 뭔데 내 친구라고 떠드는가, 라는 태도다. 친구가 "그 동안 어떻게 지냈느냐, 어디 가는 길이냐?"라고 물어도 거만한 자는 굳게 입을 다문 채 하늘을 올려다보며 마음에 안 든다는 듯이 고개를 절레절레 흔든다.

그의 생일날 친구들이 찾아와도 마중 나가지 않는다. 식사 때는 아내나 하인을 대신 보낸다. 친구들이 그를 저녁식사에 초청했을 때는 미리 하인을 보내 나 말고 누가 오느냐, 음식은

러나 사절단과 민회 임원 등은 거수로 선출되었다. 거수투표라고는 하지만 돌아가면서 맡는 경우가 많았다. 거수투표로 선출되었을 때는 심각한 질병을 앓거나, 경제적으로 도저히 감당할 수 없다는 명확한 증거를 제시하지 못하는 한, 선출직을 맡아야 했다. 또 이번 경우처럼 선서를 했을 때는 스스로 물러나는 것이 불법이었다. '시간이 없다'는 변명은 민회에 대한 모욕이었다.

어떤 식으로 준비하느냐, 포도주는 얼마나 비싼 거냐, 정확히 몇 시쯤 끝나느냐 등을 확인한다.

먼 곳에서 귀한 손님이 찾아와도 '몸에 바른 향유가 다 마르지 않았다', '아직 목욕이 끝나지 않았다, 식사 중이다'라는 이유로 대문도 열어주지 않는다. 또 편지를 쓸 때는 "그동안 보살펴주셔서 정말 감사합니다." 같은 사적인 인사말 같은 건 절대로 쓰지 않는다. "수고했다", "하인을 보낼 테니 준비하라", "선물을 보낼 때는 지난번처럼 배로 보내지 말고 하인을 시켜라"는 식으로 짧게 쓴다.

23장
독재정권을 추종하는 자

사람들이 독재를 추종하는 까닭은 권력과 이익을 바라는 마음 때문이다. 독재자가 나타나면 생활은 단순해진다. 권력이 한 곳에 집중되었다는 것은 권력의 행사 또한 단순해졌다는 뜻이다. 민주주의에서 가장 중요한 것은 절차와 여론의 찬성이다. 그렇기 때문에 민주주의 사회에서는 권력이 분배되고 권력행사도 매우 까다롭게 진행된다.

즉, 권력과 이익에 눈이 먼 자들에겐 그만큼 자기 소망을 실현시키기 어려운 사회이다. 그런 이유로 어떤 정치집단은 독재 권력을 출현시키려고 무던히도 애를 쓴다. 국가와 시민의 안녕을 위해서가 아니라 그 독재정권에 빌붙어 자신의 욕망을 충족시키기 위해서다.

독재정권의 추종세력은 새로운 집정관이 선출되었을 때 '누가 제례 행렬을 관리해야 하는가?' 라는 문제로 민회가 열리면, "무조건 한 사람이 맡아야 합니다."라고 주장한다. 누군가가 "왜 한 사람이 맡아야 하는가?"라고 반론을 제기하면, "그래야 빠른 시간에 준비를 마칠 수 있고, 진행도 간편해지기 때문입니다."라고 대답한다.

그러나 속내는 정반대다. 실상은 제례 비용이 탐나는 것이다. 다수의 사람들이 주장하는 것처럼 10인설[91]이 채택되면 10명의 제례 임원들이 모두 동의해야만 비용이 지출된다. 하지만 단독으로 제례 임원에 선출되면 누구의 감독도 받지 않고 그 많은 돈을 개인적으로 사용할 수가 있다. 또 그 돈으로 새로 당선된 집정관에게 뇌물을 건네주는 것도 가능하다. 이 같은 이유로 독재정권의 추종자들은 국가적인 정권뿐 아니라 작은 제사에서도 독재자가 출현해야 한다고 주장한다.

---

91) 아리스토텔레스가 저술한 《아테네의 제도》에 보면 재무관 10명, 계약 담당관 10명, 하급재무관 10명, 회계감사관 10명으로 되어 있다. 이처럼 아테네에서는 각 부서에 10명의 관리직을 두는 것이 관행이었다.

만일 민회의원 중 한 명이, "제례 비용을 혼자 감당하게 해서는 안 된다. 적은 액수가 아니므로 여러 사람의 동의와 관리가 효과적이다."라고 반론을 펼칠 경우 그들은 거만한 눈길로 사람들을 훑어보며, "제례쯤은 혼자서도 충분합니다. 훌륭한 인격과 능력을 갖춘 사람을 뽑는다면 10명의 임원들보다 더 잘 해낼 겁니다."라고 말한다. 그러면서 호메로스의 시구를 낭랑하게 읊는다.

"지배자가 많을수록 사소한 일에도 갈등이 쌓인다. 지배자가 필요하다면 한 사람으로도 충분하다."

사실 그가 알고 있는 호메로스의 시구는 이것밖에 없다. 그들 패거리는 자신들만이 국가를 사랑하며 시민의 안위를 걱정하는 것은 온 나라를 뒤져봐도 자기들뿐이라는 우월의식에 사로잡혀 있다. 그들은 일반 시민들의 여론이 자신들에게 불리할수록 광장과 거리에서 집회를 열고 이렇게 외친다.

"무지한 적들이 우리들의 정의를 위협하고 있습니다. 이럴 때일수록 우리들은 더욱 단결해야 합니다. 민회에 더 적극적으로 참석해서 우리의 정의를 발언해야 합니다. 우리의 목적이 시민들의 복지라는 것을 알려야 합니다. 지금 우리나라는 위기에 직면했습니다. 오합지졸들이 민회를 장악했습니다.

광장의 시끄러운 패거리들이 민주주의라는 이름으로 시민들을 기만하고 있습니다. 선거철만 되면 그들은 개처럼 꼬리를 흔들면서 표를 구걸합니다. 그리고 선거가 끝나면 사자로 돌변해 시민들에게 고기를 요구합니다. 더 이상 그들에게 모욕당해서는 안 됩니다. 민주주의를 존경해서도 안 됩니다. 민주주의는 민중의 편이 아닙니다. 우리에게 필요한 것은 위대한 통치자입니다. 다수의 어리석은 통치가 아니라 단 한 명의 위대한 정치가가 필요한 때입니다."[92]

그리스는 한낮의 열기를 피하기 위해 정오 무렵엔 낮잠을 잤지만, 이들은 주로 한낮에만 돌아다녔다. 아마도 정적을 피하고자 사람들이 낮잠을 자는 시간대를 골랐던 것 같다. 그렇게 온갖 거드름을 피우면서 웃옷을 어깨에 둘러매고, 적당히 손질한 머리와 손톱을 자랑하듯 사람들 앞에서 연극배우처럼 말한다. "언젠가 이 나라가 외국에 정복당한다면 당신들이 뽑은 정치인들 때문이오."

또 법정에 나가서는 재판관이 발언권을 인정하지 않았음에

---

[92] 이 책의 제작을 기원전 319년경으로 예상했을 때 알렉산더 대왕 사망 후 안티파트로스가 아테네의 민주제를 약체화시켜 소수 독재를 확립할 무렵이다. 따라서 민중과 소수 권력자의 감정적 대립은 곳곳에서 분란을 일으켰다. 이 장은 그 같은 시대상이 잘 반영된 묘사이다.

도 "우리의 법정은 매수된 배심원들의 놀이터요. 누가 그들에게 우리를 판단할 권리를 줬단 말이오?" 하고 소란을 일으킨다. 민회 선거 때 유력한 정치인이 "나는 아무개를 지지한다."라고 의견을 내면 "당신들이 말하는 민주주의란 바로 이런 거였군. 돈을 빌릴 때는 은화로 가져가고 갚을 때는 직책을 던져주는 게 민주주의라면 다음번에 돈이 필요할 때는 우리 집으로 찾아오시오." 하고 공공연히 상대방을 매도한다. 만에 하나 자기들 패거리가 선거에서 떨어지면 "이건 민회가 아니오. 민회라면 시민들이 모여야 하는데 그곳엔 주정뱅이와 뒷골목 깡패, 용병, 전직 노예, 사창가 포주들만 가득했소. 아마 당신들이 오늘 민회에 참석했었다면 지금쯤 도시는 불바다가 됐을 거요."라는 말을 하면서 돌아다닌다.

세금징수원이 집으로 찾아오기라도 하면 "당신에겐 아들이 있소? 만약 아들이 있다면 당신은 지금 아들에게 부끄러운 짓을 하고 있다는 걸 깨달아야 하오. 당신이 내게서 세금을 가져가면 그 돈을 어디에 쓸 것 같소? 쓸데없이 배를 만들거나, 도로를 만든다면서 노예들에게 갖다 바치는 것밖에 안 되오. 시민의 세금으로 노예를 먹여 살리는 데 당신이 앞장서고 있소."라고 일장연설을 한다. 또 세금을 건네준 후에도 그냥 돌려보내지 않는다. "나는 당신을 증오하지 않소. 당신을 보낸 자들을 증오할 뿐이오."라고 그럴싸하게 말한다.

또 축제기간에는 "아테네의 불행은 테세우스로부터 시작합니다. 테세우스야말로 이 나라의 권력을 부패하게 만든 장본인이니까요." 하고 떠들어댄다. 테세우스가 아테네에게 뭘 그리 잘못했느냐고 따지면, "테세우스가 한 짓을 생각해보십시오. 12개나 되는 나라를 통합하고도 권력을 민중에게 넘겼소. 민중은 결코 지배자가 될 수 없습니다. 훌륭한 지배자를 만나는 것만이 민중의 행복입니다. 그런데 테세우스는 민중에게 권력을 이양하면서 왕정까지 궤멸시켰어요. 아마도 무슨 꿍꿍이가 있었을 겁니다. 민중에게 권력을 이양하는 대신 엄청난 대가를 받았겠죠. 그 증거로 테세우스가 죽었을 때 아테네 시민들은 그를 직접 묻어줬습니다."[93]이 같이 말도 안 되는 이야기를 외국인에게까지 늘어놓는다.

---

[93] 테세우스의 죽음에 대해서는 두 가지 설이 있다. 하나는 스킬로스 절벽을 지나가다 사람들에게 떠밀렸다는 설과 도편추방제(陶片追放制)로 아테네에서 추방당한 최초의 사람이라는 설이다. 여기서는 후자의 설을 채용한 것으로 보인다.

24장
욕쟁이

욕쟁이들은 입만 열면 다른 사람에게 악담을 퍼붓는다. 상대방이 자신에게 친절을 베풀면 자기를 우습게 여긴다고 욕설을 퍼붓고, 친절을 베풀지 않으면 인정머리가 없다고 욕설을 퍼붓는다. 상대방의 행동과 상관없이 욕이 튀어나오는 것이다. 그들의 마음을 지배하는 것은 부정과 분노다.

따라서 그대가 아무리 친절을 베풀어도 욕쟁이들은 그대가 보이지 않는 곳에서 이런 말을 퍼뜨릴 것이다. 가령 어떤 사람이 욕쟁이에게 "아무개에 대해 알고 있나?"라고 물어보면 기다렸다는 듯이 이렇게 말한다.

"나는 그 사람에 대해 말하고 싶지 않소. 하지만 당신이 궁금해 하니 그가 어떤 사람인지 이야기해주겠소. 아마 이 도시에서 나만큼 그를 잘 아는 사람도 없을 거요. 당신이 오늘 나를 만난 것은 정말 행운이오. 족보학자는 아니지만 그의 가계부터 말해주겠소. 그의 아버지에 대해 당신도 들어본 적이 있을 거요. 그의 아버지가 태어났을 때 주인으로부터 소시아스라는 이름을 받았다오. 그러다가 전쟁터에서 소시스트라토스로 이름을 바꾸었고, 요즘은 소시데모스라는 이름으로 민회에 참석하더군요."[94]

또 사람들이 그대를 비방하는 소리를 듣게 되면 참지 못하고 그들 틈에 자리를 잡고 앉을 것이다.

"혹시 지금 이야기하고 있는 사람의 이름이 아무개 아닌가

---

94) '소시아스'란 트라키아 지방에서 노예들에게 붙여주는 이름이다. '소시스트라토스'는 조상 중에 유명한 장군이 있다는 이름이며, '소시데모스'는 아테네를 건국한 인물의 후예임을 암시하는 이름이다. 여기서 '전쟁터'란 용병으로 싸웠다는 뜻이고, '민회에 참석했다'라는 말은 시민권을 불법적으로 취득했다는 뜻이다. 아테네에서 시민권을 얻기 위해서는 양친이 모두 아테네 시민이어야 한다. 혹은 그런 집안에 양자로 입적해야 한다. 그 외의 경우에는 시민권이 주어지지 않았다. 만에 하나 불법적으로 시민권을 취득할 경우 상당한 벌금형에 처해졌다. 그러나 이 책이 쓰여질 당시에는 법이 문란해져 많은 사람들이 돈을 주고 시민권을 구입했다.

요? 그 양반이라면 나도 잘 알지요. 그 친구를 생각했더니 어제 저녁에 먹은 수프가 올라오는군요. 그 작자는 얼굴부터 마음에 들지 않아요. 많은 사람을 봐왔지만 그토록 재수 없게 생긴 인물은 처음이에요. 우리 집 개도 그자를 보면 밥을 안 먹을 정도죠. 성격도 생긴 낯짝만큼이나 비열해요. 나는 그자의 뱃속을 다 알고 있지요. 그는 아내를 데려올 때 지참금으로 엄청나게 많은 돈을 받았어요. 게다가 운 좋게도 첫 아이가 사내아이였죠.[95] 그런데도 반찬값으로 하루에 동전 세 개가 고작이에요. 나야 시장에 가본 적이 없으니 동전 세 개로 반찬을 얼마나 살 수 있는지는 모르지만 그 집 식탁을 보면 아내와 자식은 거의 굶어야 해요. 그 뿐만이 아니에요. 포세이돈 축제[96] 때도 찬물로 목욕을 한답니다. 인정이라곤 눈을 씻고 봐도 없는 녀석이에요. 머잖아 천벌을 받고 객사할 겁니다."

---

95) '첫 아이가 사내아이'라는 말을 덧붙인 것은 상대방의 몰지각함을 비난하기 위해서가 아니다. 그리스에서는 자녀를 낳지 못한 경우 아내의 지참금을 다시 친정아버지에게 돌려보내는 관습이 있었다. 즉 다행히 아이가 생겼기 때문에 지참금을 모두 가질 수 있었다, 라는 뜻이 함축된 문장이다.

96) 포세이돈 축제는 포세이돈 달의 8일째에 해당하는 날에 열렸다. 포세이돈 달은 지금 달력으로 12월 하순에서 1월 중순에 해당된다. 종교적인 의미는 없고, 겨울을 무사히 이겨내기 위한 준비기간에 불과했다.

욕쟁이들은 처음 보는 사람에게도 함부로 욕을 퍼붓는다. 민회 때 중간에 일어서는 자가 있으면 그가 밖으로 나갈 때까지 가만히 지켜본다. 그리고 완전히 나간 후에는 입에 담지 못할 욕설을 내뱉기 시작한다.

"저놈이 우리를 개만도 못하게 여기는군요. 여기 모인 사람 중에 저놈보다 바쁘지 않은 사람은 없을 겁니다. 할 일이 없어서 여기에 앉아있는 게 아니라고요. 제 놈이 집정관이라도 된답니까? 회의가 끝나려면 아직 멀었는데 건방지게 자리에서 일어나다니……. 만약 저놈이 우리 집 개였다면 벌써 포도나무에 매달아버렸을 겁니다. 내가 한창 이야기하는데 저런 식으로 엉덩이를 털었다간 뜨거운 국물에 산 채로 집어넣었을 거예요. 우리 집 개도 사람이 얘기할 땐 귀를 쫑긋거려요. 우리 집 개를 이곳에 데려왔어도 저놈보다는 진득하니 앉아있었을 겁니다."

욕쟁이들은 한번 화가 나면 사랑하는 자식에게도 해선 안 될 욕을 퍼붓기 일쑤다.

"네 놈이 내 아들이라구? 말해봐라, 누가 너더러 내 아들이라고 하던? 네 어미가 그러더냐? 그럼 네 어미한테 가서 따져봐야겠구나, 네 놈이 누구 아들인지. 네 놈이 태어날 때부터 누구 아들일지 궁금했는데 잘됐다."

욕쟁이들은 변덕도 심해서 가깝게 지내는 친구와 친척, 나아가서는 죽은 자까지도 험담한다 (솔론은 '죽은 자를 악담해서는 안 된다' 라고 법으로 명시했다). 참다못한 사람들이 아무리 화가 나도 그런 말까지 함부로 해선 안 된다고 타이르면 "이 빌어먹을 나라엔 언론이라는 게 있소. 당신들처럼 창녀들과 뒹구느라 재산을 탕진한 자들은 들어본 적이 없는 말이겠지만 하여튼 이 빌어먹을 나라엔 엄연히 언론이라는 게 존재한단 말이오. 모든 언론은 자유가 있소. 즉 무슨 말이든 내가 지껄이고 싶은 말은 내뱉을 수 있다는 거요. 당신은 방금 나한테 그따위로 지껄이지 말라고 했지만, 이 빌어먹을 나라는 당신 앞에서 내가 그따위로 지껄여도 된다고 했단 말이오. 그게 언론의 자유요. 왜 이 빌어먹을 나라가 나 같은 놈에게 언론의 자유를 줬을 것 같소? 그건 세금을 냈기 때문이오. 우리 마누라를 붙잡고 물어보시오. 내가 세금을 한 푼이라도 떼어먹었는지."

욕쟁이들은 다른 사람 앞에서 이렇게 말하는 것이 세상에서 제일 큰 낙이라고 생각하는 사람들이다.

[이렇게 비뚤어진 성격으로 세상을 살다보면 머지않아 광기가 그의 머리를 지배하게 된다. 그리고 결국 미쳐버리는 것이다.]

25장
악인을 옹호하는 자

간혹 어떤 사람들은 모두가 인정하는 악인을 결사적으로 옹호하곤 한다. 세상 모든 사람이 그를 패역무도한 인간으로 규정해도 법정까지 쫓아가서 그를 변호한다. 언뜻 보기에 "모든 인간은 소중하다"라는 옛 사람의 가르침을 따르는 것처럼 여겨지기도 한다. 그러나 이들이 악인을 옹호하는 까닭은 그 마음이 악하기 때문이다. 그 마음이 악하다는 것은 악을 사랑한다는 말과 같다. 따라서 악인을 편들고, 옹호하고, 변호하는 자들은 결국 악인과 다르지 않다. 현재 그의 겉모습이 악하지 않더라도 언젠가는 악행을 저지를 위험성이 크다.

어떤 관리가 나랏돈을 횡령하여 법정에 끌려갔다. 재판관은 그의 사회적 지위를 박탈하고, 훔쳐간 돈의 두 배를 물어주도록 판결을 내렸다. 배심원과 양측 변호인, 심지어 나랏돈을 횡령한 관리마저 재판관의 판결에 불만이 없었다. 그런데 방청석에 앉아있던 몇몇 인사들은 재판관의 판결이 부당하다며 소란을 일으켰다. "재판관의 판결은 결과적으로 나랏돈을 횡령한 것이 죄라는 말인데, 그렇다면 나랏돈을 훔쳐가도 들키지만 않으면 죄가 되지 않는다는 것과 같은 말이다. 따라서 피고는 죄가 없다. 단지 돈을 훔치고 들켰을 뿐이다."라는 이상한 논리로 사람들을 혼란스럽게 만들었다.

그들은 이 처럼 모든 사람이 옳다고 생각하는 일에 대해서는 그렇지 않다고 주장하고, 모든 사람이 나쁘다고 생각하는 범죄에 대해서는 꼭 나쁘지만은 않다고 주장한다. 그리고 사람들이 그들의 주장에 조금이라도 혼란스러워하면 마치 큰 업적이라도 남긴 것처럼 우쭐거리며 재판관을 희롱한다.

또 누군가 "그 양반은 정말 훌륭한 분이야."라고 말하는 목소리가 들리면 "웃기고 있네. 이 세상에 착한 사람은 없소. 그 양반도 겉으로만 착하게 행동하는 거요. 그렇게 착하고 훌륭한 양반이라면서 왜 자기 집 개는 침대에 눕히지 않는단 말이오?" 하고 사회적으로 존경받는 인물들을 마구 공격한다.

어떤 사람이 개인적으로 가난한 자들에게 먹을 것을 사주는 모습을 보면 "왜 당신은 남들이 보는 앞에서 그런 행동을 하는 건가? 정말 도와주고 싶다면 그들을 집에 데려가야 하는 것 아닌가? 당신이야말로 잔인한 사람이다. 당신은 이 일로 명예를 얻겠지만 가난한 사람들은 음식을 구걸했다는 수치심에 시달려야 한다."라는 말도 서슴지 않는다.

자기 아들이 저녁 식탁에서 "우리 선생님은 정말 착한 분이세요. 우리가 심하게 장난을 쳐도 때리지 않아요. 늘 좋은 말로 타이르시거든요."라고 말하면 "당연하지. 네 선생이 한 달에 우리 집에서 가져가는 돈이 얼마인 줄 아니? 그렇게 많은 돈을 챙겨갔으면서도 너를 때렸다면 이 애비가 가만 두지 않았을 거다. 이 세상에 공짜란 없단다. 아버지가 네 선생에게 돈을 주지 않았다면 너 같은 건 교실에 들여놓지도 않았을 거다. 사람은 다 도둑놈이란다."라고 점잖게 훈계한다.

부부동반으로 명망가의 잔치에 초대를 받은 후 아내가 "정말 인상이 선해 보이네요."라고 한마디 하면 "여자들은 이래서 안 돼. 저 얼굴 뒤에 숨어있는 진짜 얼굴을 보라구. 내가 보기엔 아테네에서 제일 먼저 추방당해야 할 사람은 바로 저 사람이야."라고 말한다.

만일 사람들이 어떤 정치인을 가리켜 "잔인하다."라고 말하면, 그 정치인과 아무 상관이 없으면서도 괜히 흥분한다. "잔인하다고 다 나쁜 건 아니다. 세상물정에 밝기 때문에 잔인해진 거다. 그가 추진하는 정책이 지금은 잔인하게 보일지라도 나중에 틀림없이 찬성하게 될 거다."라고 주장한다. 다른 사람이 그의 주장을 반박하듯 정치인에 대한 소문을 이야기하면, "나도 그 얘긴 알고 있다. 그런데 당신이 직접 봤냐. 못 봤다면 입을 다물어라. 당신 같은 사람 때문에 아테네의 정치가 천박해지는 거다. 내가 알기론 그분처럼 재능이 뛰어난 사람이 없다. 그는 친구들을 배신하지도 않고 동지들을 위해서라면 힘든 일도 마다하지 않는다. 아테네에서 그분만큼 유능한 인물은 없다. 다음 집정관은 무조건 그분이 되어야 한다."라고 떠든다.

민회에서 사악하기로 소문난 어떤 인물을 힐난하는 것을 들어도 가만히 있지 못한다. 적극적으로 그를 변호하는 동시에 반대파를 몰아세운다. 또 모두가 증오하는 범죄자가 체포되어 재판을 받는다는 소식이 들리면 자기가 나서서 그의 변론을 맡는다. 그러면서 하는 말이 "당신들은 이 사람을 죄인으로 여기지만 내가 보기엔 민중의 파수꾼이다. 왜냐하면 우리에게 범죄를 저질러선 안 된다는 것을 가르치고 있기 때문이다. 따라서 이 법정은 그를 피고인으로 여겨서는 안 된다. 우리들의 스승으로 대접해야 한다."라고 말한다.

만약 배심원으로 재판에 참석했을 때는 확실한 증거가 나타나도 범죄자를 편든다. 또 재판관으로 뽑혔을 경우에는 원고와 피고에게 동일한 선고를 내린다. 아테네 법정은 재판관이 판결을 내릴 때도 있고, 배심원들이 판결을 내려야 하는 경우도 있었다. 배심원이 판결을 내릴 때는 원고와 피고가 직접 변론을 펼치거나 변호인들이 대신 변론을 맡았는데, 어떻게든 상대방을 약점을 파고들어 항복을 받아내는 것이 중요했다. 아테네의 수사학이 발달한 것도 법정에서의 다툼이 잦았기 때문이다. 재판관이 판결을 내릴 때는 증거가 가장 중요했다. 즉 증거가 충분할 때는 재판관이 판결을 내리고, 증거가 불충분한 상태에서 양측의 의견이 팽팽할 때는 배심원들이 판결을 내렸던 것이다.

[요컨대 악인을 옹호한다는 것은 자기와 비슷하기 때문이다. 즉 악인을 옹호하는 것은 스스로 자신이 악인임을 드러내는 것과 마찬가지다. 그러므로 세상 사람들이 그들을 가리켜 "끼리끼리 모인다"라고 손가락질하는 것은 매우 타당한 판결이라고 하겠다.]